KB209166

| 4차원의 영성 실천편 |

4차원의 영성 실천편

초판   1쇄 발행   2007년 8월 16일
       26쇄 발행   2024년 3월 27일

지은이   조용기
발행인   이영훈
펴낸곳   교회성장연구소
등 록   제12-177호
주 소   서울시 영등포구 은행로 59
전 화   02-2036-7936
홈페이지   www.pastor21.net

ISBN 978-89-8304-106-7 03230

※ 책 가격은 뒤표지에 있습니다
※ 잘못된 책은 구입하신 곳에서 교환해드립니다.

"무슨 일을 하든지 마음을 다하여 주께 하듯 하라" (골 3:23)
교회성장연구소는 한국 모든 교회가 건강한 교회성장을 이루어 하나님 나라에 영광을 돌리는 일꾼으로 성장하는 것을 목표로, 목회자의 사역은 물론 성도들의 영적 성장을 도울 수 있는 필독서들을 출간하고 있다. 주를 섬기는 사명감을 바탕으로 모든 사역의 시작과 끝을 기도로 임하며 사람 중심이 아닌 하나님 중심으로 경영한다. "무슨 일을 하든지 마음을 다하여 주께 하듯 하라"는 말씀을 늘 마음에 새겨 하나님께서 주신 사명을 기쁨으로 감당한다.

4차원의 영성

실천편

2단계 Thinking

3단계 Faith

4단계 Dream

5단계 Word

6단계 Life

7단계 Self Management

조용기 지음

교회성장연구소

4차원의 영성으로 하나님의 세계에 접속하라

4차원의 영성은 하나님 나라의 영적 원리입니다. 그러므로 하나님이 주신 생각, 믿음, 꿈, 말이 우리의 영혼을 프로그래밍 한다면 우리의 인생도 4차원의 행복을 누릴 수 있게 될 것입니다.

최근 『4차원의 영성』을 읽은 후 자신의 삶을 4차원으로 만들고자 노력하는 많은 독자들을 조금이나마 돕기 위해 『4차원의 영성－실천편』을 출간하였습니다.

이 책은 총 7주 과정으로, 한 주에 한 단계씩 각 과정을 삶에서 실천하도록 구성되어 있습니다. 따라서 한꺼번에 전부 읽기 보다는 매일 꾸준히 말씀을 읽고, 충분히 묵상한 뒤, 하루를 되돌아보며 기도하는 형태의 독서가 요구됩니다.

가장 바람직한 독서법은 아침에 한 번, 그리고 저녁에 또 한 번 같은 부분을 묵상하며 읽는 것입니다. 특히 기도문을 읽고 난 후에는 그 기도문을 바탕으로 매일 감사와 회개, 그리고 간구의 기도를 드려야 합니다.

이 책은 구역이나 소그룹의 스터디 교재로도 활용이 가능합니다. 월요일부터 금요일까지는 개인의 삶에 적용하고, 주말에는 함께 모여 각 단계별 주제를 어떻게 적용하였는지 서로 나누는 방법으로 사용할 수 있을 것입니다.

많은 분들이 4차원의 영성을 통해 삶의 모든 주도권을 하나님께 내어드림으로 놀라운 은혜를 경험하고 온전한 신앙인으로 성장하게 되시기를 기원합니다.

2007. 8
여의도순복음교회 위임목사

목차

•••••••••••• 1단계 **Mind**

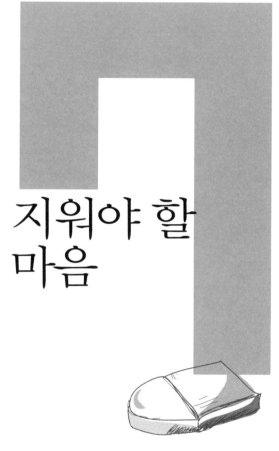

지워야 할 마음

 The Fourth Dimension Spirituality Practice

지워야 할
마음

4차원은 하나님이 다스리시는 영적인 세계입니다. 우리는 영혼을 가지고 있기에 4차원의 세계에 속하는 존재입니다. 그리고 우리의 영혼이 자리 잡은 곳이 우리의 '마음' 입니다. 그러므로 우리의 '마음' 이 쉴 만한 곳을 찾는다면 4차원의 세계에서 그 해답을 찾을 수 있습니다.

우리는 일상생활에서 '바쁘다', '답답하다', '피곤하다', '불안하다' 라는 말을 흔히 접할 수 있습니다. 이 네 가지 서술어의 공통점을 찾는다면 무엇이 있을까요? 전부 '마음' 과 연결되어 있다는 것입니다. 또한 그 '마음' 은 우리의 '육체' 와 연결되어 있습니다. 따라서 우리가 자주 쓰는 이러한 말들로 인해 우리의 '마음' 과 '육체' 가 참된 안식을 누릴 장소는 점점 좁아지고 있습니다. 그 예로 세계에서 가장 많이 팔리는 약은 위궤양 치료제라고 합니다. 위궤양 치료제 중 1986년에 시판된 한 제품은 10년간 40조 원의 판매고를 올렸습니다.

그만큼 사람들은 마음의 스트레스가 심각하고 평안이 없습니다. 이러한 세상 가운데 던져진 우리의 마음은 냉혹한 현실 앞에서 좌절할 수밖에 없습니다. 우리를 둘러싼 억압과 염려를 벗어나 우리가 가야 할 곳은 어디에 있을까요? 빼앗긴 우리의 '마음'을 비우고 고요함 가운데 임하시는 하나님. 그 하나님을 만나고 싶지 않습니까?

이제부터 하나님이 펼쳐 보이시는 진정으로 복된 마음의 세계에 다함께 동행합시다. 그 첫걸음은 바로 마음이 쉴 곳을 찾아가라는 것입니다. 현대 사회의 화두는 휴식입니다. 왜냐하면 우리를 둘러싼 여러 갈등들이 우리의 몸과 마음을 지치게 하고 있기 때문입니다. 점점 급증하는 실업난, 직장이 있다고 하지만 24시간을 쪼개도 부족한 직장인들의 지친 몸과 마음, 북한의 핵실험으로 인해 한반도에 대두된 핵전쟁 위기, 끊임없는 전쟁으로 인해 폐허가 된 중동의 국가들 등 이 모두가 우리를 괴롭히는 갈등의 징조들이라 할 수 있습니다.

이러한 갈등을 피해 우리가 휴식을 취할 수 있는 장소가 있다면 어디에 있을까요? 복잡한 환경에 의해 빼앗긴 우리의 마음이 안식을 취할 수 있는 곳은 주님이 베풀어주신 자리뿐입니다. 그 자리 안에 우리는 깊은 안식과 평안함을 되찾을 수 있습니다.

그런데 그 마음의 자리를 찾아가기 위해서는 조건이 있습니다. 그 조건은 십자가에 달리신 주님만을 바라보는 마음 즉, 단순하고 순수한 마음입니다. 이것이 마음을 회복하기 위한 두 번째 단계입니다. 복잡다단한 세상을 지켜보노라면, 우리의 마음이 어디를 향해야 하는

지 의문이 생길 때가 많습니다.

'단순하고 순수한 마음으로' 주님을 향할 때 그 의문은 사라지게 됩니다. 먼 바다를 향해 나아가는 배를 바라보십시오. 깊은 바다와 험한 폭풍을 이길 수 있는 힘은 선장과 선원들의 응집력이라 할 수 있습니다. 선원들이 한마음 한뜻으로 선장의 명령과 의지에 순종할 때 배는 목표 지점까지 똑바로 나아갈 수 있습니다. 우리의 목표는 어디에 있습니까? 우리를 사랑하시는 주님을 향해, 단순하고 순수한 마음으로 나아갈 때 우리 인생의 배는 순풍에 돛 달듯 전진해 나아갈 수 있습니다.

쉴 곳을 찾아, 단순하고 순수한 마음으로 주님을 만난 이후 우리의 삶의 태도는 어떠해야 할까요? 주님을 믿는다고 해도 여전히 우리 안에는 여러 가지 갈등들이 내재해 있습니다. 따라서 세 번째 단계는 미움과 원한을 내려놓고 따스한 주님을 우리의 마음에 품는 것입니다. 미움과 원한은 자기를 파괴하고 남을 파괴합니다. 그러나 사람들은 아담, 하와 이후로 타락한 연고로 미움과 원한의 쓴 물을 마음속에 지니고 있습니다. 그러므로 항상 그 미움과 원한의 쓴 물을 토해내고 마시게 됩니다. 그 미움과 분노가 가져오는 결과를 우리는 한반도에서 벌어진 비극의 역사를 통해 알 수 있습니다. 우리는 그 미움과 원한의 쓴 물을 모두 다 주님 앞에 내려놓을 필요가 있습니다.

모든 것을 내려놓았다고 생각할 때, 그때 불현듯 우리를 둘러싼 무언가가 아직도 남아 있음을 알 수 있습니다. 그것은 '억압'의 요소입니다. 네 번째 단계로 우리는 바로 이 억압을 제거해야만 합니다.

빈민촌 지역에 사는 사람들에게 매주 설교를 하면서 저는 이들의 잘못을 끄집어내고 비판하면서 얼마나 이들이 나쁜 죄인인지에 대해 이야기했습니다. 그들은 모두 저의 설교 내용에는 동의했지만 궁극적인 치료함을 받지는 못했습니다. 어느 날 빈민촌에 있는 교회를 찾아오는 성도들을 보면서 저는 이들이 이미 저주받은 삶을 살고 있다는 것을 깨달았습니다. 그들의 자아상은 이미 스스로를 얽매는 '억압의 틀'로 인해 고난을 당하고 있었습니다. 그들은 자신들이 형편없는 상황에 처해 있다는 것만을 알고 있었던 것입니다. 예수 그리스도께서 이 땅에 오신 이유는 사람들의 마음에 죄책감을 주기 위해서 오신 것이 아닙니다. 오히려 그들이 '생명을 얻게 하고 더 풍성히 얻게 하려는 것'(요 10:10)에 있습니다.

마지막으로 염려와 근심의 독소를 제거하는 것입니다. 우리가 마음을 비우고, 억압의 틀을 벗어던졌다고 하지만, 인간은 늘 새로운 갈등 상황 앞에서 좌절할 수밖에 없습니다. 염려와 근심이 계속해서 우리에게 서서히 엄습해오고 있기 때문입니다.

아우슈비츠의 유태인 수용소 캠프에 있는 벽에 이런 글이 쓰여 있었습니다. 이 장소는 매일 수많은 유태인이 끌려와서 가스실로 들어가 처형을 당했던 장소이기도 합니다. 바로 그곳에 "구름으로 태양을 가려도 구름 위에 태양이 있는 것을 믿는 것처럼 지금은 환란과 고통밖에 없지만 어딘가에 하나님이 우리와 같이 계신다는 것을 믿는

다."라는 고백이 적혀 있었습니다.

물론 우리의 환경은 늘 염려와 근심이 끊임없이 사망의 음침한 골짜기처럼 엄습해오고 있습니다. 그러나 우리는 그 환경을 바라보고 두려워해서는 안 됩니다. 우리는 그 구름 뒤에 가려져 있는 태양인 하나님이 우리와 항상 함께 계신다는 사실을 기억해야 합니다.

위의 5단계를 명심하여 실천함으로써 여러분의 빼앗긴 마음이 회복되기를 소원합니다. 세상으로 인해 넘어지는 여러분이 아니라 하늘의 소망을 마음에 품고 세상을 이기는 여러분이 되기를 소원합니다.

마음이 쉴 곳을 찾아가라

: 월

여호와는 나의 목자시니 내가 부족함이 없으리로다 그가 나를 푸른 초장
에 누이시며 쉴 만한 물가으로 인도하시는도다 | 시편 23편 1절~2절

목마른 사슴이 시냇물을 찾아 안식을 누리듯, 우리의 마음은 쉴
곳이 필요합니다. 오늘 내가 보낸 하루는 어제 죽은 이가 간절히 바라
던 내일입니다. 하루를 보내더라도 의미 있게 사는 지혜가 필요합니
다. 그 의미는 우리의 마음이 쉬어가는 곳을 찾아가며 발견할 수 있습
니다. 마음이 쉬어가는 참된 자리는 주님이 주시는 평안의 자리입니
다. 당신의 마음을 열고 주님께 찾으십시오. 주님이 당신에게 평안의
음성을 들려줄 것입니다.

우리 마음이 하나님 안에, 하나님이 우리 마음 안에 거하신다

여러분 중화탕 이야기 들어본 적 있습니까? 퇴계 이황 선생이 『건
강비법』이라는 책을 기술했습니다. 이 책에 있는 활인심방에는 만병통

치약인 중화탕의 비법이 공개되어 있습니다. 중화탕은 30가지의 약재로 구성되어 있으며, 의술로 고치기 힘든 병도 고칠 수 있다고 합니다. 또한 원기를 돕고 사기를 물리쳐 건강하고 오래 살 수 있다고 합니다.

이 중화탕은 약방에 가서 돈 주고 재료를 살 필요도 없습니다. 중화탕을 어떻게 만드는지 알게 되면 여러분은 오늘부터 건강을 누릴 수 있습니다. 이제 그 중화탕의 비법을 여러분에게 알려드리겠습니다. 그런데 그 약재 구성이 아주 재미있습니다. 잘 들어보시기 바랍니다. 제 말이 아닙니다. 이것은 퇴계 이황 선생의 말입니다.

'욕심을 적게 내라. 시기하고 질투하지 마라. 성을 내지 마라. 사악한 생각을 하지 마라. 자기 본분을 지켜라. 탐욕을 경계하라. 청렴하고 조심하라. 마음을 맑고 깨끗하게 하라. 사랑을 지녀라. 고요함을 지녀라.' 이러한 교훈을 30가지로 해서 이황 선생은 중화탕을 만들었습니다. 또한 이 탕을 먹고 마시고 살면 어떠한 병도 다 낫고 고침을 받는다고 말했습니다.

우리는 주 하나님을 섬기는 가운데 죄악과 세속, 욕심을 멀리하고 이웃과 화목할 때 우리의 마음은 주님이 주시는 평안으로 가득하게 됩니다. 우리의 마음에 하나님이 주신 평안은 우리에게 만병통치약이 되는 것입니다. 오늘날 만병의 근원은 스트레스라고 합니다. 이 복잡한 세상에 스트레스로 말미암아 온갖 만병이 생기고 있습니다. 그런데 우리가 그리스도 안에서 마음이 평안해지면 모든 병이 다 사라지고 건강하게 되는 것입니다.

그러므로 하나님께 기도와 간구로 우리의 모든 짐을 맡기면 우리의 마음속에 하나님의 평안이 가득하게 되는 것입니다. 우리 마음이 하나님 안에, 하나님이 우리 마음 안에 거하도록 기도하십시오. 주님이 우리 마음속에 평안으로 가득히 채워주실 것입니다.

하루를 살면서

하루는 24시간입니다. 여러분은 하루 24시간 가운데 몇 시간을 하나님과 동행하는 시간을 보내고 있습니까? 우리가 십일조를 하나님께 드리듯, 우리의 시간 또한 하나님 앞에 드려야 합니다. 그 시간 가운데 여러분의 마음이 하나님을 통해 평안을 누릴 수 있을 것입니다. 지금 시작하십시오. 하나님이 여러분의 마음을 위로하시고, 참된 안식을 허락해주십니다.

기도하며 P·R·A·Y

사랑이 많으신 하나님!

만물보다 거짓되고 헛된 것이 인간의 마음이기 때문에 인간을 의지할 수 없습니다. 오직 하나님 아버지와 예수님을 의지합니다. 하나님 아버지여, 우리의 마음속에 놀라운 평안을 허락하여주시옵소서. 평안이 없으니 모든 것이 다 헛되고 헛됩니다. 부귀, 영화, 공명이 마음에 평안을 가져다줄 수 없고 행복을 가져다줄 수 없습니다. 예수 그리스도와 아버지가 주인으로 우리의 마음을 점령하고 계실 때 참 평안과 행복을 누릴 수 있다는 것을 알게 하여주시옵소서.

예수님의 이름으로 기도드립니다. 아멘.

火
: 화

단순하고 순수한 마음으로

오호라 나는 곤고한 사람이로다 이 사망의 몸에서 누가 나를 건져 내랴
우리 주 예수 그리스도로 말미암아 하나님께 감사하리로다 그런즉 내 자
신이 마음으로는 하나님의 법을, 육신으로는 죄의 법을 섬기노라

| 로마서 7장 24절~25절

하나님과의 바른 관계가 회복된 사람은 하나님을 향해 마음이 하
나로 집중되어 있는 것이 특징입니다. 또한 늘 주님 앞에 기도하며 삶
의 모습이 정결합니다. 그리하여 고난과 역경이 올지라도 그 가운데
하나님을 볼 수 있습니다. 하나님을 보는 자는 이웃과 화평을 이루므
로 하나님의 계시를 발견하기도 합니다. 캄캄한 밤중에 오히려 영롱
한 별빛을 볼 수 있듯이 단순하고 순수한 마음 가운데 하나님을 뵐 수
있습니다.

'속' 사람을 살리시는 하나님의 은혜

하나님을 향한 단순하고 순수한 마음이 우리의 답답한 가슴을 열
어줍니다.

제가 불광동에서 목회할 때 행상을 하시던 홀로 된 자매님이 계셨습니다. 자매님은 복음을 듣고 주님을 영접하였습니다. 그리고 열심히 새벽 기도에 나오시고 주일 예배는 반드시 지키는 분이었습니다. 그런데 어느 날 갑자기 자매님이 제게 와서 이런 말을 했습니다. "나이 늙어 은퇴한 후에나 예수를 믿을까 합니다." 그래서 저는 깜짝 놀라며 그 이유를 물었습니다. 그녀는 다음과 같이 대답했습니다. "예수 믿고 중생한 후는 옛날처럼 장사를 할 수가 없습니다."

다시 한 번 그 이유를 자세히 물으니 그 자매님은 "보통 행상을 하면 물건 값을 적당히 속여서 파는데 이제는 그렇게 할 때마다 양심이 너무나 괴롭고 마음에 심한 갈등이 생겨서 예수님을 믿으면서는 장사를 할 수가 없습니다. 저는 예수 믿고 행복한 것이 아니라 밤낮으로 너무나 괴롭기 때문에 당분간 믿음을 쉬려고 합니다."라고 대답하였습니다. 이처럼 모든 그리스도인은 세상과 하나님의 세계 사이에서 크고 작은 갈등을 겪곤 합니다. 우리는 이 마음의 갈등을 어떻게 처리해야만 할까요?

우리에게 갈등이 있다는 것은 우리가 하나님의 사람이라는 증거입니다. 예수님을 믿지 않고, 구원을 받지 않았다면 갈등이 있을 이유가 없습니다. 죽은 양심이 지배하고 마귀와 죄악이 다스리는 '겉' 사람과 함께 사는데 세상과 무슨 갈등이 있겠습니까. 여러분 마음속에 갈등이 있고 싸움이 있다는 것 자체는 여러분이 죽은 자 가운데서 살아났고 양심이 살아 있으며 '속' 사람이 살아났다는 증거입니다.

구원받지 않은 사람은 성도들이 느끼는 마음의 갈등을 전혀 느끼지 않습니다. 왜냐하면 마음의 법정에서 그들을 꾸짖는 선하고 맑은 양심과 성령님과 하나님의 말씀이 없기 때문입니다. 그러므로 우리가 확실히 알아야 할 것은 우리 마음의 갈등은 어차피 죽을 때까지 존재한다는 것입니다. 우리가 예수님을 믿는 한 우리 마음에 선과 악의 싸움은 마지막 관 속에 들어갈 때까지 있습니다.

그런데 우리가 마음속에 두 마음을 품으면서 '믿어볼까? 믿지 말까?'라는 생각을 하게 되면 점차 의심이 생기게 되고 우리 삶은 더 큰 문제에 봉착하게 됩니다. 두 마음을 품어 우리의 마음이 언제나 출렁거리는 파도와 같이 되면 하나님께서 응답하실 수 없기 때문입니다. 오로지 마음을 '외골수'로 지키는 사람만이 갈등이 생겼을 때, 하나님의 응답을 체험할 수 있습니다.

높고도 푸른 저 하늘을 바라보십시오. 하늘을 바라보면 "소유에 얽매이지 말고 존재의 본연에 충실하라."라는 하나님의 음성을 들을 수 있습니다. 하나님 앞에 단순하고 순수한 마음, 이러한 마음을 내어드릴 때 하나님은 우리의 답답한 가슴을 활짝 열어줍니다.

하루를 살면서

여러분은 하루를 살아가면서 단순하며 순수하게 하나님만을 바라보고 사십니까? 진흙 속에 있는 진주가 그 진주의 빛을 잃어가듯, 우리 마음의 진주는 세상 가운데 그 빛을 잃어가고 있습니다. 오직 하나님만을 단순하고도 순수하게 갈망하며, 여러분의 잃어버린 빛을 되찾으십시오. 하나님이 여러분의 삶에 빛을 비춰주셔서, 여러분의 마음에 빼앗긴 봄기운을 되찾아주실 것입니다.

사랑이 많으신 하나님!

우리의 영혼 속에 끊임없는 갈등이 있고 우리의 신앙생활 속에 하루도 쉬지 않는 싸움이 있습니다. 겉사람과 속사람의 싸움이요, 살아 있는 양심과 세상과의 싸움입니다.

내 아버지 하나님이시여, 우리는 구원을 받았기 때문에 세상 속에서 몸부림치며 살아갈 수밖에 없습니다. 이런 연약한 우리가 날마다 하나님의 말씀과 성령님의 도우심, 그리고 기도를 통해서 우리 '속' 사람이 이기고 양심이 승리하는 삶을 살아 주님 앞에 영광스러운 구원을 받는 우리들이 되게 하여 주시옵소서.

오직 단순하고 순수한 마음으로 주님을 향하는 삶을 살게 하옵소서.

예수님 이름으로 기도드립니다. 아멘.

水
: 수

미움과 원한을 내려놓고

너희 관용을 모든 사람에게 알게 하라 주께서 가까우시니라

| 빌립보서 4장 5절

우리는 미움과 원한을 내려놓고 타인에 대하여 관대하게 대하고 양보해야 합니다. 분쟁, 다툼, 송사 그리고 소위 그들의 원리라는 것에 끈질기게 집착하는 것. 바로 이런 것들 때문에 얼마나 많은 불행이 인류에게 일어났습니까! 하나님께서는 여러분이 미움과 원한의 마음을 내려놓고, 모든 사람에게 용서를 구하고 알리시기를 원하십니다. 용서의 삶을 사는 여러분에게 하나님께서 가까이 임하십니다.

주님을 의지할 때 이웃을 용서할 수 있다

마음이 소심하고 강퍅하며 상대에게 적대적인 사람은 마음에 병들기 쉽습니다. 또한 언제나 자기를 합리화하며 사는 사람 역시 마음이 쉽게 병듭니다. 고혈압, 심장병 환자들에게는 공통점이 있는데, 그것은 바로 미움이라고 합니다.

남을 용서하지 못하여 마음속에 미움이 가득 차면, 그 미움이 마음을 항상 긴장시키고 그로 인해 혈압이 오르고 심장 발작을 초래한다는 것입니다. 그 외에도 현대인들이 앓는 병의 약 70%가 마음을 지배하는 두려움, 증오, 근심 등에서 오는 것이라고 합니다. 따라서 우리가 건강하게 살기 위해서는 우리의 마음속에서 모든 두려움과 미움과 근심을 몰아내고 너그러운 마음으로 관용을 베풀며 살아야 하는 것입니다.

제가 관용을 베풀라는 설교를 하면 어떤 사람들은 대뜸 이렇게 말합니다. "목사님, 그것은 도무지 불가능한 일입니다. 내게 상처 입힌 사람을 어떻게 너그럽게 대할 수 있습니까? 그 사람이 과거에 내게 입힌 상처가 너무나 깊기 때문에 도저히 용서할 수가 없습니다. 그는 지금도 나에게 무례합니다. 나에게 아주 예의 없이 행동하는 것을 보면 마음속에 분노가 치밀어서 도무지 용서할 마음이 생겨나지 않습니다." 또 어떤 사람은 이렇게 말합니다. "저는 그를 아주 많이 도와주었습니다. 그런데 그는 은혜를 원수로 갚습니다. 이런 사람을 어떻게 사랑하겠습니까?" 그런가 하면 어떤 사람은 "항상 부정적으로 말하고 불평하는 사람을 어떻게 너그러운 마음으로 받아들이란 말입니까?"라며 하소연합니다.

이처럼 인간의 힘으로 관용을 베풀기란 너무나 힘든 일입니다. 그러나 하나님은 성경을 통해 우리에게 관용의 마음을 갖고 살라고 말씀하시며 그렇게 살 수 있는 방법을 가르쳐주고 있습니다. "너희 관용을 모든 사람에게 알게 하라 주께서 가까우시니라."(빌 4:5) 이 말씀의 의미는 주님께서 여러분의 곁에서 여러분을 이해하시고 동정하시며 여러분이 남을 용서하고 너그러운 마음을 갖도록 도와주실 것이니 주님을 의지하라는 뜻입니다. 주님을 의지할 때 우리는 관용을 가지고 살 수 있습니다.

날마다 우리는 많은 잘못을 저지르고 우리가 해야만 하는 일은 하지 않고, 해서는 안 될 일만을 하고 있습니다. 그러면서도 날마다 자비와 용서를 구합니다. 우리가 하나님께 짓는 죄와 비교해볼 때 우리 이웃이 우리에게 짓는 죄는 아주 사소한 것입니다. 여러분은 세상에 좋은 일을 하고 싶습니까? 깨끗하고 순수한 마음은 용서의 마음으로부터 비롯됩니다. 여러분의 태도와 언어 그리고 행동 속에서 역사하시는 하나님을 기억하십시오.

사랑이 많으신 하나님!

이 세상은 마귀와 죄 때문에 갈등이 그치지 않습니다. 에덴동산에서부터 인간은 하나님과 갈등의 골이 깊어지기 시작했습니다. 하나님께서도 갈등하시고 인간도 갈등하고 삶 전체가 갈등으로 피투성이가 되었습니다. 그러나 이 갈등을 해소하기 위해서 예수 그리스도께서 오셔서 용서의 문을 열어놓으시고 사랑과 화해의 문을 열어놓으시고 일치의 문을 열어놓으셨습니다. 예수 그리스도를 통해 이뤄진 용서와 사랑과 화해, 이 길이 우리 개인이 살고 가정이 살고 사회가 살고 국가가 살고 세계가 사는 길입니다. 스스로 싸우는 집마다 망하고 스스로 나누어 싸우는 나라마다 망한다고 예수님이 말씀하셨습니다. 용서, 사랑, 화합이 아닌 미움과 분노, 투쟁은 멸망할 수밖에 없습니다. 아버지여 우리로 하여금 용서하고, 사랑하고 화해하며 사는 길을 택하게 도와주시옵소서.

예수님의 이름으로 기도드립니다. 아멘.

木 억압의 틀을 벗어던져라

: 목

우리가 사방으로 우겨쌈을 당하여도 싸이지 아니하며 답답한 일을 당하여도 낙심하지 아니하며 핍박을 받아도 버린바 되지 아니하며 거꾸러뜨림을 당하여도 망하지 아니하고 우리가 항상 예수 죽인 것을 몸에 짊어짐은 예수의 생명도 우리 몸에 나타나게 하려 함이라 우리 산 자가 항상 예수를 위하여 죽음에 넘기움은 예수의 생명이 또한 우리 죽을 육체에 나타나게 하려 함이니라 | 고린도후서 4장 8절~11절

억압은 언제나 패배 의식을 동반합니다. 이것은 삶의 실패와 파멸을 가져다주는 잘못된 마음 자세입니다. 대개의 사람들이 패배주의에 빠지면 그 마음이 비정상적인 상태로 변해버립니다. 그들의 마음은 욕구불만으로 가득 차게 됩니다. 억압된 마음으로 패배주의에 깊이 빠져버린 사람은 사회나 국가에서도 고칠 도리가 없습니다. 회개와 성령의 역사만이 억압된 심령을 변화시킬 수 있습니다.

우리가 답답한 일을 당하여도 낙심하지 말지니

김진호 선수는 세계 장애인 선수권대회에서 수영으로 금메달을 받은 선수입니다. 저는 이 선수의 어머니가 간증하는 것을 들었습니다. 그녀는 말하기를 자기 아들이 자폐아라는 것을 알게 되었을 때 너

무나 절망했다고 합니다. 그녀는 '자녀가 있으면 답답한 일을 당했을 때 가출을 할 수도 있고, 가정에서는 남편하고 갈등에 처하면 이혼을 할 수도 있는데, 나는 자식이 자폐아니 탈출구가 없구나.'라는 생각을 했다고 말했습니다. 그래서 그녀는 자식과 운명을 같이하여 동반 자살할 것이냐, 그렇지 않으면 함께 주님을 믿을 것이냐는 갈림길에서 고민을 했다고 합니다. 그녀는 결국 동반 자살 대신 믿음의 길을 택하였고, 우리 여의도순복음교회에 자녀와 같이 나오게 되었습니다.

"하나님이여, 자폐아 된 진호를 고쳐주옵소서." 그녀는 4년 동안 부르짖어 기도했지만 진호는 고침을 받지 못했습니다. 4년 기도가 응답을 받지 못하자, 그녀는 좌절하고 말았습니다. 그렇게 하나님께 부르짖어 기도할 때 마침내 하나님의 음성이 들려왔습니다. '네 자녀를 사랑하라. 내가 진호를 사랑하니까 내게 맡겨버리고 내가 기르는 대로 너도 진호를 사랑하고 따라가거라!'

이 음성을 듣는 순간 회개 기도가 쏟아져 나왔습니다. '아, 내가 진호를 사랑하는 것보다도 주님이 더 사랑하시고 주님이 내 아들을 책임지겠다고 하시니 나는 주님을 의지하고 진호를 더욱 사랑할 수밖에 없겠구나! 하나님 용서해주십시오. 제가 고통스러워 몸부림치기만 했을 뿐 단 한 번도 진심으로 하나님의 뜻을 이해하려고 하지 않았습니다. 포기하지 않는 참된 사랑과 용기와 지혜를 주옵소서.'

그때부터 하나님께서는 그녀의 기도를 들어주시기 시작했습니다. 진호를 김장환 목사님이 경영하는 지체아 학교에 입학시키기로 결심한 그녀는 T/O가 다 차서 입학을 할 수 없다는 학교 측의 통보를 받게 되었습니다. 그래서 그녀는 다시 부탁하며 "나는 여의도순복음 교회 나가는데요." 라고 말했습니다. 이에 김장환 목사님 아드님이 "그러면 조용기 목사님의 추천 사인을 받아오시면 입학을 허락해드리겠습니다."라고 말했습니다. 그래서 그녀가 저에게 왔습니다. 제가 입학 허가를 부탁하는 사인을 해줬더니 특별히 지체장애자학교에 입학을 허가해주었고, 진호는 그곳에서 공부를 할 수 있었습니다. 그리고 진호의 재능을 발전시켜서 수영을 하게 되었고, 오늘날 세계 장애인 선수권대회에서 금메달을 따게 되었습니다.

　비록 처음에는 그녀도 자폐아 자식으로 인해 좌절했지만 그녀는 하나님이 자신과 진호를 사랑하신다는 것을 알았습니다. '내가 그 아이를 위해 예비해둔 길로 너희들을 이끌 테니 너는 그 자녀를 사랑하고 내가 이끄는 길을 따라오너라.' 라고 말씀하시는 주의 음성을 듣고 그녀는 자신을 옭아매고 있던 억압의 틀을 벗어버리기로 결심할 수 있었습니다. 우리가 답답한 일을 당해도 낙심하지 아니하면 긍정적이고 적극적인 믿음을 가질 수 있습니다. 하나님께서 나의 일생을 다 알고 예비하고 계신다는 것을 알게 될 때 우리는 억압의 틀에서 벗어날 수 있습니다.

당신은 당신 앞에 답답한 일이 생겼을 때 어떠한 방법으로 극복하십니까? 사람의 방법과 하나님의 방법은 다릅니다. 흔히 우리는 우리를 억압하는 상황이 닥칠 때 그 현실로 인해 넘어지게 되고, 낙심하게 됩니다. 그러나 하나님을 믿는 우리에게는 미래가 있습니다. 하나님이 보여주시는 미래에 대한 소망을 바라보며, 자신의 답답한 현실을 하나님께 기도하십시오. 임마누엘 하나님이 당신의 등대가 되어, 당신의 길을 열어주실 것입니다.

사랑이 많으신 하나님!

우리가 우겨싸임을 당할 때 주님의 빛을 발하여 주옵소서. 그리하여 우리를 해방시켜주시고 답답한 일을 당할 때 사랑의 광채를 나타내셔서 낙심하지 않게 하옵소서. 그리하여 늘 그리스도 안에서 넉넉히 이기는 삶을 살 수 있게 하옵소서. 또한 예수 믿는 신앙이 얼마나 큰 특권인가를 알게 하옵소서. 그리하여 우리 안에 계신 예수님을 경외하고 사랑하게 하옵소서.

예수님 이름으로 기도드립니다. 아멘.

金
:금

염려와 근심의 독소를 제거하라

아무 것도 염려하지 말고 오직 모든 일에 기도와 간구로, 너희 구할 것을
감사함으로 하나님께 아뢰라 그리하면 모든 지각에 뛰어난 하나님의 평
강이 그리스도 예수 안에서 너희 마음과 생각을 지키시리라

| 빌립보서 4장 6절~7절

우리는 염려, 근심에 대한 이해를 분명히 해야 합니다. 염려와 근
심이 우리에게 조금이라도 도움이 된다면 염려, 근심을 할 가치가 있
습니다. 그러나 염려와 근심은 담배처럼 백해무익합니다. 우리가 염
려와 근심을 안고 살아가면 우리의 영혼과 육체가 파괴됩니다. 그러
므로 우리 영혼이 잘되고 범사에 잘되며 강건하려면 우리 안에 있는
염려와 근심의 독소를 제거해야 합니다.

전지전능하신 하나님에게 나의 몸과 마음을 맡겨라

어느 젊은 부부가 배를 타고 강을 건너가다가 예상치 않던 폭풍
우를 만났습니다. 배가 요동치면서 흔들리자 놀란 아내는 얼굴이 창
백해졌습니다. 그런데 남편은 의자에 앉아서 턱을 괴고 편안하게 책

을 읽고 있었습니다. 그래서 "여보! 지금 배가 바람에 요동하고 파도가 쳐서 뒤집힐 지경인데 어떻게 당신은 두려워하지도 않고 이렇게 평안할 수 있어요? 당신 너무 무서워서 머리가 어떻게 된 거 아닌가요?" 그러니까 남편이 자기 가방을 열더니만 커다란 칼을 꺼내어 부인 가슴에다가 탁 겨누었습니다. 부인이 의아해하며 "칼을 저에게 왜 겨눠요?"라고 물으니 남편이 다음과 같이 말했다고 합니다. "내가 이 칼을 휘두르면 당신이 이 자리에서 죽을 수도 있어요. 겁이 납니까? 안 납니까?" 부인은 웃으면서 "하나도 겁 안 나지요."라고 대답하였습니다. 그래서 남편은 "왜 내가 칼을 들고 있는데 겁이 안 나요?"라고 질문하였습니다. 부인이 대답하기를 "당신이 강도 같으면 내가 겁을 내지만 내 남편이기 때문에 칼을 아무리 겨누어도 절대로 안 찌를 것을 알기 때문에 겁이 안 납니다."

그러니까 남편이 웃으며 그 칼을 가방에 넣으면서 "여보! 이 폭풍우는 주님 손에 있어요. 강도의 손에 칼이 있으면 우리가 떨 수밖에 없는 것처럼, 이 폭풍우가 마귀의 손에 있으면 우리가 떨어야 하오. 그러나 우리의 인생은 주님께 맡겼으니 우리가 거하는 하늘과 땅과 온 세계 가운데 모든 것이 주님의 손에 있는 것이요. 그러므로 주님의 손에 있는 이 폭풍우가 아무리 휘저어도 우리는 겁내지 말아야 해요. 왜냐하면 이 폭풍우도 우리 주님의 손안에 있는 것이기 때문에 우리는 안 죽을 거요. 그러므로 편안히 있어요. 폭풍우를 보지 말고 아버지의 마음을 보세요."라고 말했습니다.

이 남편의 말은 정말입니다. 여러분, 이 세상에서 일어나는 그 무엇도 하나님의 손에 안 잡히는 것이 없습니다. 하나님은 역사를 주장하시고 인류의 생사화복을 주장하시는 전지전능, 무소부재하신 하나님인 것입니다. 우리가 하나님의 백성이요, 하나님이 기르시는 양이면 아버지가 운명과 환경을 통해서 우리를 박살나게 하지 않습니다. 이를 믿음으로써 우리가 마음속에 평안을 누릴 수가 있습니다. 그렇기 때문에 하나님을 알고 그분을 의지하는 자만이 강하고 담대할 수 있습니다.

여러분의 삶 속에 염려가 습관이 되어있습니까? 서성이거나 가만히 앉아 있는 것이 습관이 되었을지도 모릅니다. 매일 더해진 염려로 인해 무기력한 상태에 있다면 염려를 한꺼번에 없앨 수 있는 해결책을 찾지 마십시오. 오히려 지금 할 수 있는 일부터 해결해 나가야 합니다. 그리고 먼저 염려로 인한 하나님과의 영적 단절을 회복해야 합니다. 늦었다고 생각하기 전에 무릎으로 주님께 나아가십시오.

전능하시고 거룩하신 아버지 하나님!

우리는 이 세상에 태어날 때부터 염려와 근심의 공해 속에서 태어나고 그 속에서 살면서 마음이 찌들고 몸도 병들고 생활도 불행이 꽉 찬 삶을 살아왔습니다. 염려, 근심 같은 것은 우리 힘으로 해결할 수 없습니다. 그러나 이제 예수님이 오셔서 우리에게 하나님의 평안을 알려주시니 감사합니다. 예수님께서 십자가에서 우리의 짐을 맡아주셨으므로 예수님 앞에 나와 모든 것을 아뢰게 도와주시옵소서. 주님을 의지하게 도와주시고, 우리 속을 다 털어버리게 도와주시옵소서. 짐을 주님께 맡기고 마음에 평안함을 갖고 살게 도와주시옵소서. 우리가 항상 영육 간에 평안하고 행복과 영광으로 충만한 삶을 살게 도와주시옵소서.

예수님 이름으로 기도드립니다. 아멘.

•••••••••• 2단계 **Thinking**

성공을 부르는 생각

월. 좋으신 하나님이 내 안에

화. 십자가는 플러스이다

수. 더 크게, 더 넓게 생각하라

목. 편견에서 도전으로

금. 건강한 자화상을 재건하라

우리는 무엇을 생각하며 살고 있습니까? 생각의 방향은 우리의 인생의 방향을 좌우한다고 해도 지나치지 않습니다. 예수님께서는 다음과 같이 말씀하셨습니다. '무엇이든지 밖에서 사람에게로 들어가는 것은 능히 사람을 더럽게 하지 못하되 사람 안에서 나오는 것이 사람을 더럽게 하는 것이니라.' (막 7:15~16)

그렇습니다. 우리가 생각을 바꾸면 우리의 행동도 달라집니다. 따라서 우리는 행동을 바꾸기 전에 먼저 생각을 바꾸어야만 합니다. 그렇다면 그 생각을 어떻게 바꾸어야 할까요?

우리는 먼저 좋으신 하나님이 내 안에 있다는 생각으로 전환해야 합니다. 하나님은 우리들의 생각을 통해서 역사하십니다. 1958년 제가 처음 대조동에서 교회를 개척했을 때 삶의 환경이 극히 열악했습니다. 헐벗고 굶주리는 것뿐만 아니라 내일에 대한 불안감 때문에 심신이 고달팠습니다. 그리고 그때까지만 해도 하나님에 대한 깨달음이 대단히 부족했습니다. 하나님은 항상 꾸짖으시고, 심판하시는 하나님, 두려우신 하나님이란 생각이 마음에 가득했습니다. 그래서 삶에 활기가 없고 기쁨이 없었습니다.

그러나 하나님께서는 서서히 저의 가슴속에 사랑의 하나님, 좋으신 하나님이라는 사실을 깨닫게 해주셨습니다. 그리고 저의 삶은 기쁨으로 바뀌었습니다. 여러분 모두도 '좋으신 하나님이 내 안에' 있음을 깨달으실 때, 하나님의 능력을 힘입어 기쁘게 살 수 있습니다.

나아가 우리는 십자가가 플러스라는 것을 알아야 합니다. 예수님을 떠나면 마이너스 인생을 살지만 그분을 마음에 품으면 플러스가 됩니다. 지금 우리의 가슴속에는 부정적인 생각이 가득 차 있습니다. 우리의 대통령, 정치권, 우리의 사회, 우리의 교회에 대한 부정적인 생각을 하고 있습니다.

의학자들에 의하면 인간의 뇌 활동 중 95%는 본능적인 욕구 충족을 생각하고 나머지 5%만 고상한 생각을 한다고 합니다. 그러므로 우리 뇌를 가만히 내버려 두면 우리 생각은 자연스럽게 본능적이고 3차원적이며 부정적이 됩니다. 신문을 보십시오. 라디오와 텔레비전도 마찬가지입니다. 사람을 만나서 이야기해보십시오. 대화 내용 중의 많은 부분이 좋은 일보다는 부정적인 이야기들입니다. 인간은 타락했기 때문에 본능적으로 부정적인 사고에 익숙해져 있습니다. 그러므로 우리는 말씀과 성령에 의지해서 긍정적으로 생각해야 합니다. 그러면 우리 인생이 플러스 인생이 되며, 마이너스 인생으로 가지 않습니다.

우리의 생각이 긍정적으로 바뀌었다면 우리는 세 번째 단계를 통해 생각의 폭을 더 크게 더 넓게 가져야 합니다. 더 크게 더 넓게 생각하는 것은 적극적인 사고라 할 수 있습니다. 모든 일에 소극적이 되어 '나는 못해, 나는 안 돼, 나는 할 수 없어!' 라고 외치면 자신의 삶의 폭이 줄어들 수밖에 없습니다. 개인뿐만 아니라 소극적인 태도를 취하는 민족은 언제나 다른 민족에게 침략을 당하게 됩니다.

대한민국의 역사를 볼 때 과거 고구려, 신라, 백제를 생각하면 안타까운 마음이 듭니다. 고구려가 장대한 기상으로 저 만주 벌판을 적극적으로 개발해 나갔으면 얼마나 좋았겠습니까? 그러나 신라가 삼국을 통일함으로써 뻗어나갈 길이 막혀버린 것을 생각하면 원통합니다. 신라는 소극적으로 생각하여 당나라와 연합하여 한반도를 겨우 통일했습니다. 그리고 그 대가로 신라는 넓은 만주 땅을 전부 당나라에게 내어주게 됩니다. 이처럼 신라의 소극적인 생각이 만주를 타 민족에게 넘겨주게 된 것입니다.

적극적인 생각이란 것은 어떤 것입니까! 할 수 있다고 생각하는 것입니다. '할 수 있거든이 무슨 말이냐 믿는 자에게는 능치 못할 일이 없느니라.' (막 9:23)라는 말씀을 명심해야 합니다. '나는 할 수 있다. 하면 된다. 해보자. 할 수 있다.' 그런 신념을 가지고 목표를 세우고 계획을 세웁시다. 칠전팔기 정신으로 적극적으로 행동으로 옮기는 사고, 이것이 적극적인 사고입니다.

또한 우리에게는 더 크게 더 넓게 적극적인 생각을 함과 동시에

편견에 도전하는 정신이 필요합니다. 이것이 생각을 전환하는 네 번째 단계입니다. 우리 할아버지가 이 길을 택했다. 우리 아버지도 이 길을 택했다. 그러므로 나도 이 길을 택한다. 그런 법은 없습니다. 어떠한 문제에 부딪혔을 때 기발한 아이디어를 개발해서 창조적으로 대처해야 하는 것입니다. 그렇기 때문에 어떠한 문제에 직면하더라도, 안 된다고 생각하지 말고 생각의 틀을 바꾸십시오. 문제가 있는 곳에는 반드시 해결책이 있습니다. 인간은 자본의 고갈로 절대로 멸망하지 않습니다. 인간의 아이디어가 고갈할 때 인간은 멸망하는 것입니다.

제가 서대문교회에서 여의도로 교회를 개척하는 시기가 있었습니다. 그때에는 사람들이 여의도로 나가면 망한다고 했습니다. 당시 여의도는 모래사장에 지나지 않았습니다. 전기도 들어오지 않았고 물도 공급되지 않았습니다. 그런데 그 모래 먼지 날리는 여의도로 간다고 하니까 다 비웃었습니다. 그러나 만약 그 당시 우리가 서울 시내에 교회를 지었다면 자동차를 어디에 주차할 수 있었을까요? 또 우리 교회가 어떻게 세계 최대의 교회가 될 수 있었을까요? 여러분의 생각에 있는 편견을 버리십시오. 그리고 도전하십시오. 하나님이 주신 지혜가 여러분의 길을 열어주실 것입니다.

마지막으로 건강한 자화상을 재건하십시오. 우리는 우리 자신이 그리스도 안에서 어떠한 사람이 되었는지를 알아보고 자신의 자화상을 완전히 정립해야만 합니다. 인간은 대부분 자기가 자신을 보고 느끼는 모습을 가슴에 품고 살아갑니다. 그리하여 그 모습에 따라 말하고 생각하고 행동하며 삽니다. 자화상이 열등하면 열등의식에 사로잡히고 자화상이 미운 모습이면 증오와 반항자가 됩니다. 그러나 자화상의 모습이 성공적이면 당당한 사람으로 행동할 수 있습니다.

건강한 자화상을 재건하는 방법은 예수 그리스도의 십자가에 있습니다. 예수 그리스도의 보혈로 말미암아 우리는 세속에서 해방될 수 있습니다. 그리하여 우리는 자유를 얻고 스스로 만든 긍정적인 자화상을 마음속에 품을 수 있습니다.

제가 좋아하는 아름다운 시가 있습니다. 이 시에는 두 척의 배가 등장합니다. 둘 다 바다 위에서 바람을 맞으며 어디론가 나아가고 있습니다. 그런데 한 척의 배는 동쪽을 향해 나아가는데, 다른 한 척은 서쪽을 향해 나아가고 있습니다. 저는 이 시를 읽으면서 아주 흥미롭다고 생각했습니다. 두 척 모두 같은 바다에 떠서 동일한 바람을 맞고 있습니다. 그런데 어떻게 해서 서로 반대 방향으로 나아가게 되는 것일까요? 해답은 돛의 방향이 서로 다르게 놓여 있기 때문입니다.

우리의 생각도 이와 똑같습니다. 생각의 돛을 잘못된 방향으로 놓으면 실패하는 인생을 살게 됩니다. 그러나 반대로 올바른 방향으로 돛의 방향을 놓으면 성공하는 인생을 살게 됩니다. 성공을 부르는 생각을 여러분의 삶 속에 적용하십시오. 여러분의 삶이 달라질 것입니다.

좋으신 하나님이 내 안에

: 월

자기 아들을 아끼지 아니하시고 우리 모든 사람을 위하여 내어주신 이가
어찌 그 아들과 함께 모든 것을 우리에게 은사로 주지 아니하시겠느뇨

| 로마서 8장 32절

우리는 불행한 일을 경험하게 되면, 그 일을 회피하려고 합니다. 심지어 그리스도인이라 해도 '좋으신 하나님'을 의지하지 않습니다. 자신의 방법으로 문제를 해결하려 하지만, 문제의 저변에 있는 문제점들은 해결할 수 없습니다. '좋으신 하나님'을 생각하면 우리의 생각도 달라집니다. 모든 것을 초월하시는 '좋으신 하나님'이 우리의 문제를 해결해주실 것을 믿으십시오.

'여호와 이레'의 하나님이 선한 길로 인도해주신다

한 청년이 신학교를 졸업하였습니다. 이 청년은 아프리카 오지에 들어가서 선교사가 되겠다고 헌신했습니다. 그래서 선교사가 되려고 모든 만반의 준비를 하고 떠나려고 하는데 자동차 사고가 나서 다리

하나를 자르게 되었습니다.

　그 청년은 탄식했습니다. "하나님! 제가 아프리카 오지에 저 식인종들이 들끓는 곳에 가서 복음을 증거하고자 합니다. 그런데 어찌하여 제가 자동차 사고를 당하여 다리를 잃게 하십니까?" 그러나 하나님의 대답은 없었습니다. 하지만 그는 하나님이 행하시는 길은 모든 일이 협력하여 선을 이룬다는 것을 믿었습니다. 그래서 고무다리를 하나 만들어서 차고 아프리카로 떠났습니다.

　그곳에서 복음을 증거하던 그는 식인종에게 잡혔습니다. 식인종 앞에 묶여 나가서 추장이 온 부족들을 모아놓고 큰 잔치를 베풀었습니다. "오늘 맛있는 백인 고기를 먹게 되었다. 기뻐하고 즐거워하자!" 그러자 이 사람이 말했습니다. "나는 백인은 백인이지만 맛있는 고기는 아니다. 너희가 먹어봤자 별 필요가 없다."라며 고무다리를 떼어서 던져주었습니다.

　식인종들이 달려가서 그 고무다리를 베어서 먹어 보니 질기고 너무나 맛이 없었습니다. 모두 퉤퉤하며 뱉어 버리고 도망가려 했습니다. 그때 그 식인종 추장은 "이건 사람이 아니라 신이다. 어떻게 다리가 이렇게 맛이 없고 질긴 다리가 있느냐?"라고 말하였습니다. 그러자 그들 모두 다 엎드려서 회개하였습니다. 그리고 복음을 듣고 추장과 모든 부족이 하나님 앞에 회개했다는 기록이 있습니다.

　하나님은 미리 이 모든 일을 아시고 그 청년이 고무다리를 하게 만드신 것입니다. '여호와 이레' 하나님께서는 당시에는 좋지 않아

보이는 일도 결국은 우리에게 가장 좋은 길로 인도하시는 하나님이십니다.

하나님은 좋으신 하나님이시기 때문에 우리에게 가장 좋은 것을 예비해주십니다. 이 세상의 부모도 자식에게 좋은 것을 줄줄 알거든 하물며 하늘에 계신 우리 아버지께서 구하는 자에게 좋은 것으로 주시지 않겠습니까?

그러므로 좋으신 하나님이 내 안에 계신다는 생각을 붙잡으십시오. 좋으신 하나님이 여러분의 생각을 열어주시고, 좋은 길로 인도해주실 것입니다.

하루를 살면서

여러분은 누군가의 이름을 생각하기만 해도 자신도 모르게 기분이 좋았던 경험이 있습니까? 우리의 삶을 선하게 인도하시는 '좋으신 하나님'. 그 '좋으신 하나님'이 우리 안에 계신다고 생각해보십시오! 칠흑같이 어두운 저녁에 홀로 가는 배를 상상해보십시오. 그리고 등대에서 보내는 가느다란 빛을 생각해보십시오. 우리의 생각에 빛이 되시는 하나님. 그 하나님은 '좋으신 하나님'입니다.

기도하며 P·R·A·Y

사랑이 많으신 하나님!
전능하신 우리 하나님의 크고도 영광스러운 사랑에 감사

를 드립니다.

하나님께서 우리를 사랑하지 않았더라면 예수 그리스도를 왜 보내셔서 십자가에 못 박게 하셨겠습니까? 예수께서 십자가에 몸 찢고 피 흘려 우리를 위해서 대속 재물이 되었다는 것은 우리를 향한 하나님의 사랑이 확정된 것입니다. 아무리 마귀가 우리의 생각에 의심을 주고 불행을 줄지라도 십자가에 매달린 예수를 쳐다볼 때 우리의 생각은 달라집니다. 바로 우리를 사랑하시는 하나님이 좋으신 하나님이심을 확신합니다. 우리가 그리스도를 바라보고 그 사랑을 만끽하게 하옵소서. 그리하여 예수 그리스도의 사랑을 전파하는 우리들이 되게 도와주시옵소서.

예수님 이름으로 기도드립니다. 아멘.

火
십자가는 플러스이다

: 화

우리가 알거니와 하나님을 사랑하는 자 곧 그 뜻대로 부르심을 입은 자
들에게는 모든 것이 협력하여 선을 이루느니라 | 로마서 8장 28절

긍정적인 생각은 어떤 환경 속에서도 하나님께서 함께하신다는
견고한 생각입니다. 그러한 확신만 있다면 아무리 우리가 실패와 좌
절을 경험한다고 하더라도 두려울 것이 없습니다. 왜냐하면 성도들에
게 있어 진정한 성공이란 주님 안에서 최후의 부활을 하는 것이기 때
문입니다. 하나님께서 나를 사용하셔서 힘을 주시는 플러스의 삶,
'긍정적인 삶'으로 하나님께서 우리를 인도해주십니다.

예수님을 믿는 것은 영원한 더하기(+)이다

한 어린아이가 아버지 손을 잡고 주일 교회에 출석했습니다. 아
버지는 이제 막 초등학교에 들어가서 ㄱ, ㄴ, ㄷ, ㄹ을 배우고 더하기,
빼기 셈을 배우는 아들을 자랑스럽게 생각했습니다.

그런데 그날 유달리 목사님께서 너무나 어려운 설교를 하는 것이었습니다. 목사님이 말씀하시는 철학적이고 역사적이며 신학적인 어려운 설교는 아버지조차도 잘 이해할 수 없었습니다. 그래서 아버지가 자리에서 몸을 뒤틀고 있는데 자기 아들을 보니까 꼼짝도 안 하고 강단을 쳐다보고 있었습니다. 아이는 조금도 움직이지 않았습니다.

그래서 아버지는 '야! 기특하다. 이 어려운 목사님의 설교를 어떻게 알아들을까?' 라고 생각하며 뿌듯해했습니다. 예배가 끝나고 난 뒤, 집으로 돌아가는 길에 아버지가 아들에게 물었습니다. "아버지는 오늘 설교가 너무 어려워서 모르겠더라. 너는 설교를 열심히 듣던데, 목사님 설교 말씀을 알아들었느냐?"

그러자 아들이 대답하기를 "아버지, 한 마디도 못 들었어요."라고 말하는 것이었습니다. 내심 실망한 아버지는 "그러면 왜 그렇게 강단을 열심히 쳐다보았느냐?"라고 물었습니다. 그러자 아들은 "아빠, 난 설교는 못 알아들었지만 목사님 뒤에 보이는 십자가를 보고 하나 깨달은 것이 있어요. 십자가는 더하기 표(+)하고 모양이 똑같잖아요. 그래서 예수님 믿는 것은 더하기라는 것을 알았어요."라고 대답했습니다.

그 말을 들은 아버지는 무릎을 탁 치면서 "야! 오늘 목사님 설교보다 네 말이 더 은혜롭구나. 네 말이 맞다. 내가 오랫동안 교회를 다녔어도 예수 믿는 것이 플러스 인생을 사는 것임을 여태껏 몰랐구나!"라고 말했다고 합니다.

예수님을 믿는 것은 영원한 더하기(+)입니다. 하나님은 죄인이었던 우리들에게 용서를 더하시고, 병든 우리들에게 예수님의 부활의 생명을 더하시고, 빈털터리, 빈손인 우리에게 하늘과 땅의 모든 권세와 축복을 더하여주시는 것입니다.

기독교는 철학이 아닙니다. 종교도 아닙니다. 기독교는 곧 생명입니다. 예수님은 죽었다가 부활하심으로 말미암아 우리의 죄와 불의와 추악함을 십자가로 멸하셨습니다. 예수님은 채찍으로 맞으심으로 질병을 파하셨고, 마귀의 권세와 저주를 십자가 위에서 멸하셨습니다. 그러므로 예수님은 우리에게 영원한 더하기를 해주십니다. 이것을 믿는 것이 바로 기독교 신앙입니다.

여러분은 하루를 살면서, 얼마나 긍정적인 생각을 하고 있습니까? 혹시 부정적인 생각을 더 많이 하지는 않습니까? 긍정적인 사고에 대해 많은 사람들이 추상적으로 생각합니다. 왜냐하면 긍정적인 사고는 아직 일어나지 않은 미래를 움직이기 위한 것이지만, 부정적 사고는 대부분 이미 일어난 일을 바탕으로 하는 것이기 때문입니다. 그래서 미래를 보지 못하는 자들에게는 이미 일어난 실패한 쪽을 바탕으로 이야기하는 것이 훨씬 설득력 있어 보입니다. 하지만 성공하는 사람들의 특징을 살펴보십시오. 긍정적인 생각을 가진 사람이 모두 성공하는 건 아니지만, 성공한 모든 사람은 반드시 긍정적인 세계관을 가진 사람입니다. 십자가가 여러분을 긍정의 삶으로 이끕니다. 주님이 달리신 십자가를 바라보십시오!

하나님 우리 아버지여!

우리는 이 세상에 살면서 환경 때문에 마이너스 사고를 할 때가 많습니다. 마이너스 사고를 하고 난 다음에는 "왜 내게는 적자 인생만 다가오느냐?"라며 탄식하곤 합니다. 하나님 아버지! 우리의 삶이 적자가 되지 않고 항상 흑자가 되기 위해서는 십자가 플러스를 든든히 부여잡게 도와주시옵소서.

십자가를 의지하여 주님이 주시는 축복의 플러스를 누리게 하여주옵소서. 우리는 환란과 곤고함, 적신과 위협 속에서도 그리스도로 말미암아 넉넉히 그 문제들을 이길 수 있음을 믿습니다. 또 그로 말미암아 우리는 영원히 잘되고 범사에 잘되며 강건하고 생명을 얻되 넘치게 얻을 수 있음을 확신합니다.

아버지여 오늘 이 시간에 간구하오니 우리 모두가 십자가를 가슴에 튼튼히 부여잡고 흑자 인생을 살게 도와주시옵소서. 언제나 플러스로 생각할 수 있도록 도와주옵소서. 우리 예수 믿는 사람에게는 마이너스가 없다는 것을 체험하게 하옵소서.

예수님 이름으로 기도드립니다. 아멘.

水 : 수 더 크게, 더 넓게 생각하라

내 백성이여 들으라 내가 네게 증거하리라 이스라엘이여 내게 듣기를 원하노라 너희 중에 다른 신을 두지 말며 이방신에게 절하지 말찌어다 나는 너를 애굽땅에서 인도하여 낸 여호와 네 하나님이니 네 입을 넓게 열라 내가 채우리라 하였으나 | 시편 81편 8절~10절

정중지와(井中之蛙). 우물 안에 있는 개구리를 뜻하는 고사성어입니다. 우리가 생각을 좁게 하면 할수록 우리는 우물 안에 있는 개구리와 마찬가지로 더 멀리 뛰어오를 수 없습니다. 그러나 생각을 넓게 열어 생각이 먼저 세상을 향해 나아간다면, 우리의 역할도 그만큼 넓어질 수밖에 없습니다. 특히 하나님이 우리에게 주시는 비전은 우리의 생각을 더 넓게 해줍니다. 더 크게, 더 넓게 생각하여 하나님의 뜻을 이루는 사람, 그러한 사람을 지금 이 시대는 필요로 하고 있습니다.

네 입을 넓게 열라

저는 로버트 슐러 목사님이 쓴 『간절히 원하면 이루리라』는 책에서 재밌는 이야기를 읽었습니다. 어떤 여행자가 바다낚시를 갔는데

옆에 있던 한 어부가 부지런히 낚시질을 하고 있었습니다. 그 어부는 30cm 자를 가지고 있었습니다. 여행자는 그 자의 용도가 내심 궁금했습니다. 잠시 후에 어부가 고기를 낚았습니다. 어부는 팔딱팔딱 뛰어오르는 고기를 낚시 바늘에 꿰었습니다. 그러고 나서 30cm 자로 고기의 크기를 재어보는 것이었습니다. 그런데 어부는 고기의 크기가 25cm가 되면 바구니에 넣고 25cm가 넘으면 도로 물에 던져 넣었습니다. 가만히 어부의 모습을 다시 한 번 보았습니다. 그런데 또 생선을 낚으면 25cm 이하는 바구니에 넣고 25cm가 넘으면 물에 놓아주는 것이었습니다.

하도 이상해서 여행자는 어부의 곁에 가서 "선생님은 철학자군요."라고 말했습니다. 그러자 그 어부는 "왜요?"라며 반문했습니다. "생선을 잡아가지고서 25cm 이하는 바구니에 넣고 25cm 이상은 놓아주니까 특별히 무슨 철학적인 뜻이 있어서 그런 것 아닙니까?"

그러자 어부는 웃으면서 대답했습니다. "허허허~ 아닙니다. 우리 집 프라이팬이 25cm밖에 안 되어서 그런 것뿐입니다." 이 대답에 당황한 여행자는 "사람의 생각이 그렇게 굳어져 있으면 어떻게 합니까? 프라이팬이 25cm라도 30cm 되는 생선을 잡아서 반으로 자르면 요리할 수 있잖아요."라고 말했습니다. 어부는 이런 단순한 방법을 생각하지 못하고 25cm 프라이팬에는 25cm 고기만 넣어야 한다고 생각했던 것입니다.

우리 예수 믿는 사람은 그리스도 안에서 생각을 바꿔야 합니다.

내 스스로 인본주의적인 생각을 가지고 내 수단과 방법으로 살지 않으면 못 산다고 생각하는 마음. 그러한 굳은 마음을 변화시킬 필요가 있습니다. 하나님의 나라와 의를 먼저 구하면 그분이 우리의 모든 일을 행해주신다고 생각해야 합니다.

늘 하나님 말씀을 듣고, 읽고, 묵상하여 생각의 폭을 넓힙시다. 그리고 채우시는 하나님을 바라봅시다. 우리 스스로가 채우는 것이 아닙니다. 아버지가 태양빛처럼 우리를 비추시면서 우리의 부족함을 채워주시고, 예수님이 십자가의 은혜로 채워주시고, 성령의 교통으로 채워주시는 것입니다. 삼위일체 하나님이 우리를 늘 채워주신다는 것을 잊지 마십시오. 이 점을 명심하고 항상 아버지와 아들과 성령을 바라보고 입을 넓게 열고 믿음의 기도를 드립시다.

하루를 살면서

여러분 창문을 열고 대자연을 바라보십시오. 대자연 앞에 서 있으면 자신이 얼마나 작은 존재인지를 깨닫게 됩니다. 그리고 그 순간, 스스로의 이기심과 욕심으로부터 초연해지는 겸손함을 배울 수 있습니다. 대자연 앞에 서 있을 때 시험 점수 10점에 목숨 거는 인생이 얼마나 부질없고 초라한 것인가를 알게 됩니다. 생각의 폭을 넓고 크게 가지십시오. 하나님이 여러분의 생각의 그림을 그려주십니다. 하나님이 직접 그려주시는 붓에 자신을 맡기십시오. 그리하여 자신의 생각을 하나님께 의지하며 더욱 넓게,

더욱 크게 그려나가십시오.

사랑이 많으신 하나님 아버지!

우리는 사랑받을 운명입니다. 우리는 은혜를 받아야 할 운명이고 성령님이 변화시키고 교통해주시는 은혜를 받아야 할 운명입니다. 하나님의 은총과 축복 없이는 단 하루도 살아갈 수 없는 운명입니다.

우리가 사랑받기 위해 태어난 인생이라는 것을 알게 도와주시옵소서. 은혜받기 위해서 태어난 인생인 것을 알게 도와주시옵소서. 성령님과 교통해야 살 수 있는 인생인 것을 알게 하여 주시옵소서. 그래서 아버지 하나님과 아들 예수님과 성령님의 은혜 속에 더 깊이 우리의 생각을 넓게 열고 들어가게 도와주시옵소서. 하나님의 영광을 위해서 살게 하여 주옵소서.

예수님의 이름으로 기도드립니다. 아멘.

木 편견에서 도전으로

: 목

오직 너는 마음을 강하게 하고 극히 담대히 하여 나의 종 모세가 네게 명한 율법을 다 지켜 행하고 좌로나 우로나 치우치지 말라 그리하면 어디로 가든지 형통하리니 | 여호수아 1장 7절

편견은 어떤 사물이나 현상에 대해 사실상의 근거가 없는 완고한 의견이라고 합니다. 자신 앞에 있는 두려움이나 고정관념으로 인해 우리는 쉽게 도전하지 못하는 경우가 많습니다. 토인비는 "모든 문명에는 도전과 응전의 법칙이 있다."라고 말했습니다. 어떤 문명이건 그 문명이 직면하는 도전에 성공적으로 응전하면 성장을 계속하지만 만일 어느 하나의 응전이라도 실패하면 그 문명은 쇠망한다고 말했습니다. 하나님이 주시는 생각을 가지고 끊임없이 도전하는 삶. 그러한 삶은 풍요로울 수밖에 없습니다.

운명을 탓하지 말고 도전하라

미국의 저명한 은행장이었던 다우링이 상이용사들의 초청을 받

아 특강을 하게 되었습니다. 그가 특강하는 곳에는 상이용사들이 모였습니다. 그들 중에는 전쟁에 나가서 눈을 잃은 사람, 팔이 절단된 사람, 절름발이가 된 사람들이 있었습니다. 그리고 지팡이를 짚거나 휠체어를 타고 온 사람들이 강당에 꽉 찰 정도로 많이 모여 있었습니다.

그런데 그는 강의 도중에 상이용사들을 공격하기 시작했습니다. "당신들은 패배주의자에 남을 의지하고 국가의 연금이나 축내며 되는 대로 살아가는 나쁜 사람들입니다. 왜 열심히 일하지 않고 남에게 의지하려고만 합니까?"

그러자 다우링의 말을 듣고 있던 상이용사들은 그를 향해 맥주병과 재떨이를 던지며 "이 개자식아 입 닥쳐라!"라며 술렁거리기 시작했습니다.

그래도 그는 멈추지 않고 "당신들의 사고방식이 잘못된 것입니다."라며 계속 공격했습니다. 그러자 상이용사들이 미친 듯이 일어나서 강당으로 뛰어 올라와 멱살을 잡으려고 했습니다. 그때 다우링이 자신의 한쪽 소매를 걷어 올렸습니다. 놀랍게도 팔이 있어야 할 자리에 쇠갈고리가 달려 있었습니다. 그는 다른 한쪽 소매도 걷어 올렸습니다. 그 역시 가짜 팔이었습니다. 그는 바지도 걷어 올렸는데 양쪽 모두가 나무다리였습니다. 갑자기 분위기가 숙연해졌습니다.

"여러분 저는 열두 살 때 교통사고를 당했는데 눈 위에서 10시간 동안 버려져 있었습니다. 그 바람에 두 팔과 두 다리를 모두 잘라내야

했습니다. 하지만 저는 '의욕을 갖고 그래도 최선을 다해 살리라. 남에게 신세지지 않고 살리라. 나는 성공하리라.' 라고 다짐을 했습니다. 내 운명을 원망하지 않았습니다. 내 운명을 탄식하지 않고 받아들였습니다. 양팔과 양다리가 없는 저도 노력해서 은행장이 되었는데, 당신들은 저보다 낫지 않습니까? 그런데도 그냥 놀고 먹기만 할 것입니까?" 상이용사들은 아무 대답도 못하고 고개만 숙일 뿐이었습니다.

우리는 삶의 고난을 만나거나 어려움이 임할 때 편견에 휩싸여 포기하게 됩니다. 그러나 오히려 그것을 하나님이 내게 주신 운명이라고 생각하고 그 운명을 극복하기 위해 매섭게 응전해야 합니다. 삶의 도전에 이기면 삶의 왕이 되고, 지면 패배의 종이 되어버리고 마는 것입니다.

하루를 살면서 여러분 인생에서 도전해야 할 때는 언제입니까? 지금은 생각에서 행동으로, 명상에서 실천으로 옮길 때이며 교실에서 거리로 나설 때입니다. 인생의 도전기란 신념을 실현해야 할 때를 말합니다. 그때가 바로 지금입니다. 목표를 향해 미지의 세계에 도전하십시오. 시편기자는 인생이 70세이며, 강건하면 80세라 했습니다. 오직 하나밖에 없는 생명을 가지고 짧은 시간 가운데 앞으로 전진하십시오. 인생에는 연습이 없습니다. 인생에는 오직 본 게임뿐입니다.

사랑이 많으신 하나님!

아담과 하와는 삶의 도전에 응전하지 못하고 패배하여 쇠망하고 말았습니다. 아담과 하와의 흉을 보는 우리들도 그와 같을 때가 얼마나 많습니까? 그러나 우리 주 예수 그리스도는 사탄의 맹렬한 도전에 대항하여 말씀에 서서 단호하게 응전하여 그를 이기고 승리하셨습니다.

아버지여, 아담 안에서 종 된 우리들이 예수 그리스도 안에서 모두 다 승리하게 하옵소서. 주님을 의지하고 하나님의 은혜를 받아, 성령의 도움으로 어떠한 삶의 도전도 두려워 말고 그것을 극복하게 도와주시고, 승리하게 하옵소서. 내 영혼이 잘됨같이 범사에 잘되며 강건하고 생명을 얻되 풍성히 얻게 하옵소서.

예수님의 이름으로 기도드립니다. 아멘.

金 건강한 자화상을 재건하라

:금

그런즉 누구든지 그리스도 안에 있으면 새로운 피조물이라 이전 것은 지나갔으니 보라 새것이 되었도다 | 고린도후서 5장 17절

인간은 누구나 자신만의 자화상을 가슴에 품고 살아갑니다. 가슴에 품은 자화상은 생각을 통해 말과 행동으로 나타나며, 나아가 그 사람의 삶 전체를 지배합니다. 자화상이 열등하면 패배주의의 노예가 되고, 자화상이 부정적이면 자신과 타인에 대한 미움과 증오로 가득 찬 반항자의 삶을 살게 됩니다. 우리의 자화상을 변화시켜주는 능력의 원천은 2,000년 전 갈보리 십자가에서 흘리신 예수 그리스도의 보혈입니다. 우리는 예수 그리스도의 보혈에 힘입어 긍정적이고 창조적이며 환희와 기쁨이 충만한 자화상으로 변화할 수 있습니다.

독수리처럼 주님과 함께 비상하라!

노만 빈센트 필(Norman Vincent Peale) 박사의 '독수리와 닭' 이라는 이

야기가 있습니다. 어느 날 모험을 좋아하는 소년이 근처 산에서 발견한 독수리 알을 집으로 가져와 암탉이 달걀을 품을 때 살짝 집어넣었습니다. 드디어 병아리와 독수리가 알에서 함께 깨어났습니다.

이 독수리 새끼는 자기가 병아리라고 생각하며 병아리와 똑같이 행동을 했습니다. 그런데 어느 날 큰 독수리 하나가 닭장 상봉을 날아 멋지게 맴돌다 지나갔습니다. 그런데 그것을 자세히 보고 있던 독수리 새끼는 '나하고 정말 닮았다. 나는 여태까지 병아리하고 왜 안 닮았나 했는데, 나는 공중을 날아다니는 저 어마어마한 새하고 매우 닮았구나!' 라고 생각했습니다.

비로소 독수리 새끼는 그제야 자기 모습을 자세히 살펴보고 자신이 누군지 발견하게 되었습니다. 진정한 자화상을 알게 된 것입니다. 그래서 독수리 새끼는 말했습니다.

"나는 병아리가 아니야! 나는 저 독수리를 닮았어! 이 닭장은 내게 도무지 어울리지 않아 나는 닭장에 살 팔자가 아니야! 나는 높은 하늘을 날고 바위산을 오르는 독수리다!"

새끼 독수리는 지금까지 병아리라고 생각하고 병아리처럼 행동했으나 이 모든 것을 다 청산하였습니다. 날갯짓을 해보니 힘차게 솟아올랐습니다. 그리고 그때부터 새끼 독수리는 진짜 독수리로 살았습니다.

여러분, 여러분은 옛사람이 아닙니다. 옛사람처럼 이 세상에서 살다가 가면 안 됩니다. 여러분이 십자가를 통해서 그리스도 안에서 새 사람이 된 모습을 바라보십시오.

'새롭게 변화된 사람이 나와 닮았구나! 나는 옛사람이 아니야, 나는 병아리가 아니야! 나는 독수리야! 나는 독수리처럼 살아야만 해!' 라고 외치십시오.

그래서 새로운 피조물이 된 자기의 모습을 바라보며 새 자화상을 가지고 힘차게 전진하십시오. 여러분이 날개를 치면 희한하게 하나님의 능력이 나타나서서 푸른 하늘을 훨훨 날아가듯 힘차게 살 수 있을 것입니다.

하루를 살면서

여러분은 자신의 생각 속에 어떠한 자화상을 그리고 있습니까? 혹시 분노와 열등과 패배의식에 사로잡힌 자화상을 그리고 있지는 않습니까? 예수 그리스도의 보혈로 여러분의 자화상을 바꾸어가십시오. 성공적인 자화상은 예수 그리스도를 의지함을 통해 그려나갈 수 있습니다. 다함께 자신의 마음속에 이렇게 고백하십시오. '주님이 나와 항상 함께하셔서 나는 행복하다. 나는 오늘 하루도 승리의 삶을 살 수 있다!'

기도하며
P·R·A·Y

전능하시고 거룩하신 하나님!
우리는 이 세상에 태어나 좌절하고 절망하며 삐뚤어진

자화상을 바라보고 몸부림치며 살아왔습니다. 낭패와 실망과 고통을 스스로 부르면서 살아왔습니다.

그러나 예수 그리스도 안에서 옛사람은 지나가고 새것이 되었습니다. 새로운 사람이 되었습니다. 하나님께서 그리스도의 십자가를 통하여 성령의 능력으로 우리를 새롭게 만들어주셨으므로, 이제 새로운 자화상을 가슴에 걸어놓고 바라보며 살게 하옵소서.

우리가 우리 죄를 사하시며 우리 생명을 파멸에서 구하신 주님, 인자와 긍휼로 관을 씌우시며 좋은 것으로 만족케 하시는 주님만을 바라보게 하옵소서.

변화된 이 자화상을 가지고 새로운 정체성을 확립하여 자기의 변화된 신분을 굳세게 부여잡게 하옵소서. 그리하여 그 새로운 자화상을 생각하고, 말하고, 감사히 행동하며 살게 하옵소서.

예수님의 이름으로 기도드립니다. 아멘.

········· 3단계 **Faith**

말씀으로
세우는
믿음

월. '레에마'의 말씀을 발견하라

화. '바라봄'의 믿음법칙을 사용하라

수. 믿음이란 마음의 결단이다

목. 믿음으로 기적을 맛보아라

금. '지금 믿겠습니다'라고 고백하라

말씀으로 세우는 믿음

사람들은 각각 자기만의 신념을 가지고 살아갑니다. 그 신념은 종교를 불문하며, 누구나 가지고 있는 '자기 주관'이라 할 수 있습니다. 그런데 그 신념이 어떻게, 무엇을 향하여 세워져 있느냐가 그 사람의 인생을 결정 짓는 중요한 요인으로 작용합니다. 예를 들어 범죄자도 자기만의 신념에 따라 범행을 저지릅니다. 그러나 그 신념은 분명 잘못된 것이기 때문에 스스로를 그릇된 행동으로 이끕니다.

이와 같이 어떠한 신념을 갖고 있느냐에 따라 그 사람의 행동이 결정되고, 그 행동에 따라 그 사람의 인생이 좌우되는 것입니다. 그렇다면 우리 그리스도인이 가지고 있는, 또 가져야만 하는 신념은 무엇입니까? 바로 '믿음'입니다.

그 믿음은 예수 그리스도를 믿고 죄 사함을 얻었다는 믿음, 하나님이 나와 항상 함께하셔서 내 인생을 이끌어주신다는 믿음이라 할 수 있습니다. 그런데 그러한 믿음을 마음으로만 믿고 실천에 옮기지 못한다면 진정한 그리스도인이라 할 수 없습니다.

따라서 말씀이 역사하는 힘을 믿고 따르는 삶이 필요합니다. 그 삶의 첫 단계로 '레에마' 의 말씀을 발견하십시오. 로고스는 일반적인 하나님의 말씀으로, 이 말씀이 개인에게 특별히 주어지는 말씀이 되기 위해서는 하나님의 음성이 들려와야 합니다. 하나님의 음성은 하나님께서 성령님을 통하여 우리의 마음속에 특별히 말씀해주시고 그 말씀에 의해서 믿음이 생길 때 들려옵니다.

이러한 믿음이 생길 수 있게 하는 말씀을 헬라어로 '레에마' 라고 합니다. 우리가 성경을 읽다가 어느 구절이 갑자기 가슴속에 부딪혀 불길을 일으키고 우리에게 굳센 믿음을 줄 때 그 말씀이 곧 '레에마' 입니다.

제가 신학교 다닐 때 어떤 여자 부흥사가 삼각산에서 큰 부흥회를 열었던 적이 있습니다. 당시 많은 학생들이 참석했는데, 마침 여름 장마철이라 비가 와서 계곡에 물이 넘쳤습니다. 삼각산에서 서울로 들어오는 도랑도 계곡물이 넘쳐서 건널 수가 없었습니다. 그런데 부흥회에 참석했던 세 자매가 그 도랑 앞에서 기도회를 가진 후에 "베드로도 물 위로 걸었는데, 우리라고 걷지 못하란 법이 어디 있느냐? 걸어보자."라며 물속으로 들어갔습니다. 그러나 그들은 물을 건너지 못하고 물살에 휩쓸려 며칠 후에 시체로 발견되었습니다.

이 일을 놓고 신학생들은 "그 자매들은 기도하고 믿었는데 왜 물에 빠져 죽었느냐? 베드로는 물 위로 걸었는데 하나님께서 왜 그 자매들은 붙들어주지 않았느냐?"라며 열띤 논쟁을 벌였습니다.

그렇다면 정말 왜 이런 일이 벌어졌을까요? 세 처녀에게는 '레에마'가 없었기 때문입니다. 그들은 베드로가 물 위로 걸었다는 '로고스'만 가지고 지식으로 움직였습니다. 성경은 "네 지식대로 되리라."라고 말씀하지 않고 "네 믿은 대로 될찌어다."(마 8:13)라고 말씀했습니다. 하나님의 역사는 지식을 주는 '로고스'가 아니라 믿음을 주는 '레에마'를 통해 나타납니다.

나아가 두 번째 단계는 바라봄의 믿음 법칙을 사용하는 것입니다. 이를 통해 우리는 바라는 바가 실상으로 나타나는 광경을 볼 수 있습니다. 싱가포르의 새(鳥) 공원에 있는 홍학은 세계에서 가장 예쁜 연분홍빛 깃털을 가졌다고 합니다. 그 이유는 홍학이 자신의 깃털 색깔과 같은 연분홍빛 물을 보고 마시며, 그 물속에 있는 물고기를 먹고 살기 때문이라고 합니다. 이처럼 무엇을 바라보느냐에 따라 외적인 모습도 달라질 수 있다는 사실은 이미 과학적으로 증명된 바 있습니다.

창세기 13장 14, 15절에 보면 하나님께서 아브라함에게 가나안 땅을 축복으로 주실 때 바로 이 바라봄의 법칙을 사용하신 것을 볼 수 있습니다. 조카 롯이 요단강변의 옥토를 차지하여 떠나고 아브라함이 메마른 땅 위에 서 있을 때 하나님께서 '보이는 땅을 내가 너와 네 자손에게 주리라.'라고 하셨던 것입니다. 막연하게 '바라보자.'라고 하지 않으시고 '눈을 들어 동서남북을 바라보라.'라고 하셨습니다. 하나님이 하시는 말씀에 의미 없는 말씀은 없습니다. 그러므로 상세하게 동서남북을 바라보라는 것은 아브라함이 그 바라봄을 통하여 마음속에 분명한 그림을 그렸을 때 비로소 그 땅을 차지할 수 있는 믿음을 주시겠다는 뜻입니다.

더 나아가 그 믿음은 '마음의 결단' 이었습니다. 이와 같이 자신의 믿음을 통해 마음의 결단을 할 줄 아는 것이 세 번째 단계입니다. 기독교 신앙은 마라톤에 비유할 수 있습니다. 단거리 경주는 단 10초 이내에 모든 것이 끝나버리게 됩니다. 그러나 마라톤과 같은 장거리 경주는 한 시간에서 두 시간, 길게는 네 시간까지 걸리기도 합니다. 따라서 단거리는 처음부터 전력질주를 다해서 초반에 승부수를 띄우기 마련입니다. 하지만 마라톤은 비록 처음에는 잘 뛰지 못했다 하더라도 끝까지 최선을 다하면 일등으로 골인할 수 있습니다.

우리의 믿음이란 마라톤과 같이 '마음의 결단' 을 갖고 끝없이 전진해야 하는 것입니다. 우리 인생은 초반에 좋았다고 해서 항상 좋은 일만 다가오는 것이 아닙니다. 마찬가지로 처음에 나쁜 일이 있었다고 해서 끝까지 나쁜 일만 생기는 것도 아닙니다. 인생은 언제든지 역전시킬 수 있는 기회를 열어두고 있습니다. 따라서 우리는 인생에서 벌어지는 크고, 작은 일들에 연연할 필요가 없습니다. 우리의 생활에는 슬픈 일도 기쁜 일도 다가오지만 꾸준히 자신의 믿음을 밀고 나가면 후에 하나님께서 압도하여 일등으로 골인하게 만들어주십니다.

이렇게 마음의 결단을 갖고 전진하는 사람들은 궁극적으로 기적을 맛보게 됩니다. 초등학교, 중학교, 고등학교, 대학교, 대학원 등 이 세상에서 얻은 지식은 보편적인 지식이라 할 수 있습니다. 그러나 우리가 성경 말씀을 통해서 깨달은 하나님의 지식은 하나님을 아는 것에 입각해서 믿어야만 하는 것입니다. 그 말씀을 머리로만 안다면 우리의 인생에서 하나님이 역사하실 수 없습니다. 그러므로 우리가 믿음에 서서 나아갈 때에 하나님이 지휘하시는 기적적인 새로운 세계를 체험하게 됩니다.

마지막으로 믿음에는 '지금 믿겠습니다.'라는 현재의 고백이 들어가야 합니다. 일부 그리스도인들은 믿음을 현재의 믿음이 아니라 미래의 믿음으로 해석하는 경향이 있습니다. 그들은 현재에는 오직 죄만 용서받고 구원받을 수 있는 것이라고 생각합니다. 때문에 자신들이 질병, 가난, 절망 가운데 허덕여도 그러한 현실을 뒤엎을 하나님의 역사를 구하지 않습니다. 그러나 이것은 살아 계신 하나님이 행하시는 현재의 신앙을 부인하는 태도입니다. 그들이 현재에 하나님의 행하심을 믿지 않으면 하나님은 그들의 현재를 구원하지 않습니다. 이러한 믿음은 진정한 믿음이라 할 수 없습니다. 믿음은 언제나 지금, 현재입니다. 현재 자신의 삶 속에 역사하시는 하나님을 믿어야 실제로 하나님이 그 삶 속에서 함께 동행하십니다.

위의 5가지 믿음의 철도를 여러분이 지나고 나면, 여러분의 삶은 더욱 풍성해지리라 믿습니다. 우리 순복음교회가 짧은 기간에도 불구하고 한국 기독교 역사에 유례없는 대교회로 성장할 수 있었던 가장 큰 이유는 제가 선두에 서서 믿음의 씨앗을 먼저 심고, 나아가 본 교회 성도들이 믿음의 씨앗을 뿌림으로써 하나님께서 열매 맺도록 축복

해주셨기 때문입니다. 어떠한 믿음의 씨앗을 여러분의 마음 가운데
심고 싶으십니까? 시간을 심으라고 하시면 시간을 심고, 몸을 드리라
고 하시면 몸을 드립시다. 이렇게 내가 가진 것을 하나님 앞에 심은
후에는 그 믿음이 폭발적으로 자라기 시작하고 믿음의 기적을 경험하
게 될 것입니다.

'레에마'의 말씀을 발견하라

: 월

두려워 말라 내가 너와 함께 함이니라 놀라지 말라 나는 네 하나님이 됨이니라 내가 너를 굳세게 하리라 참으로 너를 도와 주리라 참으로 나의 의로운 오른손으로 너를 붙들리라 | 이사야 41장 10절

하나님의 말씀은 우리에게 믿음을 줍니다. 이 말씀은 헬라어로 '레에마'라고 하는데, 성령께서 특별히 깨닫게 하시는 말씀을 의미합니다. 평상시 우리는 성경을 통해 하나님에 대한 지식을 얻습니다. 그런데 성령께서 갑자기 '이 말씀은 너에게 하는 말씀이다.'라는 감동을 주실 때가 있습니다. 이때 그 말씀은 '로고스'가 아니라 '레에마'입니다. '레에마'의 말씀을 발견할 때 믿음의 첫걸음을 내딛고 나아갈 수 있습니다.

하나님의 음성이 레에마를 통해 전달된다

송파성전 정유선 자매님의 간증을 통해 말씀드리겠습니다. 자매님은 2002년 4월 21일 갑자기 쓰러져 응급실에 실려갔습니다. 병원에서는 임파선암 말기라고 했습니다. 그동안 몸이 좋지 않은 것을 감기 정도로 생각했던 자매님에게는 청천벽력과 같은 소식이었습니다. 자매님은 하나님 앞에 지었던 모든 죄를 눈물로 회개했습니다. 다시 살려만 주신다면 주님을 위해서 살겠다고 간구했습니다.

그러나 상태는 점점 악화되어 급기야 의사는 가족에게 더는 가망이 없으니 장례 준비를 하라고 했습니다. 하지만 자매님은 포기하지 않았습니다. 제 설교 테이프를 병원에서 계속 틀어놓고 들으면서 현실을 넘어서는 믿음을 가지려고 기도하며 노력했습니다.

그런데 하루는 테이프에서 "사망아 너의 이기는 것이 어디 있느냐 사망아 너의 쏘는 것이 어디 있느냐."(고전 15:55)라는 말씀이 나오는데, 그 소리가 꼭 하나님이 자신에게 들려주시는 음성처럼 들렸습니다. 하나님께서 자매님에게 '레에마'를 주셨던 것입니다.

그러자 자매님의 마음에 믿음이 생겼습니다. 자매님은 "그래, 맞다. 나는 사망을 이길 수 있다. 내 속에 들어 있는 사망아, 너의 이기는 것이 어디 있느냐. 사망아, 너의 쏘는 것이 어디 있느냐. 나는 예수 이름으로 나았다. 예수님의 보혈로 승리했다. 사망아 물러가라!"라는 믿음의 선포를 하게 되었고 담대한 믿음이 마음속에 자리 잡았습니다.

그 후로 자매님은 더욱 맹렬하게 사망과 싸우기 시작했습니다. 날마다 "흑암의 세력아 물러가라! 사망의 세력아 물러가라! 나는 예수님으로 말미암아 살았다."라고 선포했습니다. 간호사가 주삿바늘을 꽂을 때도 "예수님이 채찍에 맞으심으로 나는 나았다!"라고 입술로 고백했습니다. 계속해서 어마어마한 믿음의 힘으로 병마와 싸웠습니다. 그러던 중 어느 날 비몽사몽간에 제가 찾아가서 기도를 해주고 함께 식사를 하는 환상을 보았다고 합니다.

자매님은 이것을 하나님이 자신을 고쳐주시려는 징조로 받아들였습니다. 그리고 어머니에게 교회에서 성찬을 가져다 달라고 부탁해서 병실에서 성찬을 떼는데 몸이 뜨거워지는 성령의 역사를 체험했습니다. 같은 해 6월 4일, 자매님은 송파성전 축복성회에서 저에게 안수를 받고 돌아가 병원에서 다시 검사를 받았습니다. 그런데 검사 결과 임파선암이 온데간데없이 사라졌습니다. 의사들도 놀라서 이런 일은 자신들도 본 적이 없다며 감탄했습니다. 하나님께서 자매님에게 주신 '레에마'의 말씀대로 자매님을 고쳐주셨던 것입니다.

'레에마'는 성령께서 특별하게 깨닫게 하시는 말씀입니다. '레에마'를 통해 하나님의 믿음이 생겨납니다. 간절한 기도를 통해 성령이 임하셔서 깨달음을 주시면, 지식의 말씀 '로고스'가 믿음을 가져다주는 '레에마'로 변하는 것입니다.

하나님의 말씀은 정말 귀하고 귀한 것입니다. 우리는 말씀을 통해 하나님을 만나고 그 뜻을 깨달을 수 있습니다. 또한 성경을 읽어서 '로고스' 즉, 하나님에 대한 신령한 지식을 얻을 수 있습니다. 이 '로고스'에 기도의 불을 때서 '레에마'

를 받으면 세상을 이길 수 있는 엄청난 믿음을 가지게 됩니다. 그러므로 사랑하는 성도 여러분 모두 '로고스'로 충만케 되시고 능력 있는 '레에마'를 받으시기를 주의 이름으로 축원합니다.

거룩하신 우리 하나님 아버지!

어제나 오늘이나 영원토록 동일하시고 우리 가운데 계심을 감사하옵니다. 아버지여 옛날에는 하나님의 말씀이 육신을 쓰고 오셔서 우리 가운데 역사하셨습니다. 그 말씀은 예수 그리스도이십니다. 이제는 하나님의 말씀이 성경에 기록되어서 우리 가운데 와 있습니다.

말씀이 우리 안에 '레에마'로 다가와 우리의 믿음을 더욱 굳세게 하옵소서. 그리하여 그 '레에마'의 말씀이 우리의 생애를 혁신할 수 있는 위대한 능력의 말씀이 되게 하옵소서. 새로운 삶으로 들어갈 수 있는 계기가 되게 도와주옵소서.

예수님의 이름으로 기도드립니다. 아멘.

火
: 화

'바라봄'의 믿음법칙을 사용하라

롯이 아브람을 떠난 후에 여호와께서 아브람에게 이르시되 너는 눈을 들어 너 있는 곳에서 동서남북을 바라보라 보이는 땅을 내가 너와 네 자손에게 주리니 영원히 이르리라 | 창세기 13장 14절~15절

우리가 사는 세상은 3차원의 세상입니다. 그러나 우리는 하나님이 지배하시는 4차원의 세계에서 영향을 받을 수밖에 없는 존재입니다. 하나님이 보여주시는 땅은 우리의 믿음을 더욱 견고하게 해줍니다. 그 땅을 향하여 우리의 눈을 들어 바라보십시오. 이것이 바로 하나님께서 아브라함에게 보여주신 '바라봄의 법칙'입니다. 이 법칙을 통해 우리의 영안이 열리고, 주님이 주시는 희망을 체험할 수 있습니다.

믿음의 눈으로 바라보아라

미국의 로라 윌킨스는 시드니 올림픽 여자 다이빙에서 금메달을 수상했던 선수입니다. 이 선수는 2004년 아테네 올림픽이 열리는 그해 3월에 다이빙 연습을 하다가 큰 부상을 입게 되었습니다. 오른쪽

다리에 골절상을 입었던 것입니다. 다이빙을 하는 사람이 오른쪽 허벅다리가 부러졌으니 어떻게 합니까?

코치는 그녀의 부상을 보고 올림픽에 출전할 수 없다며 출전 불가를 선언했습니다. 그러나 윌킨스는 하루에 수십 번씩 빌립보서 4장 13절 말씀, '내게 능력 주시는 자 안에서 내가 모든 것을 할 수 있느니라.' 라는 말씀을 읽었습니다. 그리고 그 말씀을 읽고 지속적으로 묵상했습니다. 또한 그 말씀을 보고 그 말씀을 마음속에 깊이 받아들였습니다. 깊이 받아들이고 난 다음에 그녀는 그 말씀을 믿기로 결심했습니다.

의사들도 그녀가 다이빙을 못한다고 결론을 내렸습니다. 코치도 이미 불가능하다고 판단했습니다. 그래도 그녀는 하나님이 모든 일을 해결해주실 것을 믿고 입술로 시인했습니다. 그녀는 빌립보서 4장 13절을 계속해서 매일같이 묵상하며 입으로 시인했습니다. "나는 할 수 있다. 나는 다시 아테네 올림픽에 출전해서 선수로서 다이빙을 할 수 있다."

그녀는 선수들과 똑같이 연습장에 나갔습니다. 하지만 연습장에서 다른 선수들이 전부 높은 곳으로 올라가서 다이빙을 하는 것을 구경만 했습니다. 대신 그녀는 앉아서 꿈을 꾸기 시작했습니다. 자신이 멋지게 다이빙 하는 모습을 머릿속에 그려 넣었습니다. 이것이 바라봄의 법칙입니다.

자기가 다이빙을 기가 막히게 해서 모든 사람들 앞에서 박수갈채를 받고, 금메달을 목에 거는 것을 늘 상상했습니다. 다른 선수들은 모두 실전처럼 연습을 하고 있었지만, 그녀는 수영복만을 입은 상태로 의자에 앉았습니다. 그녀는 그런 처지를 비관하지 않았습니다. 그저 바라봄의 법칙을 통해 계속 꿈을 꾸었습니다. '내가 바로 저 친구다. 내가 바로 저 사람이다. 내가 다이빙을 멋지게 해서 사람들에게 박수갈채를 받고 멋지게 1등을 한다. 금메달을 목에 걸었다.' 이것을 상상하고 또 성경을 외웠습니다.

"내게 능력 주시는 자 안에서 내게 능치 못한 일이 없느니라." 이 말씀을 믿고 선언했습니다. 그 결과 그녀는 올림픽에 기어코 나가게 되어서 10미터 다이빙 경기에서 당당히 1등을 해서 금메달을 목에 걸었습니다. 아테네 올림픽에서 금메달을 받은 것입니다.

이 미국 선수는 성경말씀대로 바라봄의 법칙을 실천하였습니다. 그녀는 하나님의 말씀을 머리로만 아는 것이 아니라, 그것을 깊이 자신의 마음속에 받아들이고, 계속적으로 입으로 시인했습니다. 또 바라봄의 법칙을 통해 늘 꿈을 꾸었습니다. 그리고 모두가 다 안 된다고 말했던 대회에 출전해서 금메달을 목에 걸 수 있었습니다.

하루를 살면서

성경은 말합니다. "할 수 있거든이 무슨 말이냐 믿는 자에게는 능치 못하심이 없느니라." 우리가 보는 것으로 행하는 것이 아니라, 믿음으로 행할 때 진정한 그리스도인이라 말할 수 있습니다. 안 믿는 사람들은 다 보는 것으로 행합니다. 그러나 믿는 사람이 안 믿는 사람과 다른 점이 무엇입니까? 진정한 그리스도인은 바로 하나님의 말씀에 대한 믿음으로 행할 수 있습니다. 하나님을 바라보고 하나님의 말씀에 순종하십시오. 하나님을 의지하고 담대하게 선포하여 눈에 보이는 것들이 주는 시험을 이겨냅시다.

사랑의 하나님!

오늘날 우리가 하나님의 말씀을 통하여 믿음을 갖게 하여주심을 감사합니다. 또한 믿음으로 우리가 바라봄의 법칙을 사용하고 입술로 고백할 때, 그 믿음이 강력하게 역사하여주심을 감사합니다. 그러나 아무리 입으로 믿습니다를 외쳐도 우리가 순종하지 아니하면 믿음은 시험에 빠지고 파탄에 이르고 만다는 것을 압니다.

아브라함은 75세에 하나님을 믿고 나왔습니다. 그러나 그의 순종이 불완전하므로 수많은 시험과 환란과 파탄을 경험하게 되었습니다. 그 후 100살이 되어서야 비로소 온전한 믿음과 온전한 순종을 하나님께 내어드린 아브라함의 생애를 통해서 우리가 모든 것을 깨닫고 온전히 믿고 순종하게 하옵소서. 우리가 믿은 믿음의 눈으로 세상을 바라보게 하옵소서.

예수님의 이름으로 기도드립니다. 아멘.

믿음이란
마음의 결단이다

오직 나의 의인은 믿음으로 말미암아 살리라 또한 뒤로 물러가면 내 마음이 저를 기뻐하지 아니하리라 | 히브리서 10장 38절

사람의 마음은 하루에도 열두 번 이상이나 변할 정도로 간사합니다. 아침에는 오직 믿음으로 살겠다고 결단하고도, 우리 마음은 세상을 살면서 수십 번은 더 바뀝니다. 베드로도 세 번이나 예수님을 따르겠노라고 고백했지만, 세 번이나 예수님을 부인하였습니다. 그러나 결국 하나님의 은혜를 받은 베드로는 믿음의 결단을 통해 순교하였습니다. 지금도 성령 하나님은 마음의 결단을 하며 하나님의 충만함을 간절히 구하는 자에게 임재하십니다. 우리에게는 성령 충만함을 통해 믿음으로 사는 삶이 필요합니다.

두말하지 말고 결단하라

저는 빌리 그레함 박사의 자서전 가운데 이러한 내용을 읽게 되었습니다. 빌리 그레함 박사는 자유주의 신학적 색채가 강한 대학에 다녔습니다. 그 대학에서 어느 교수님이 강의를 하시는데, "성경은 문학작품이요, 사람이 지은 책이요, 하나님의 말씀이 아니다!"라며 하나님 말씀의 권위를 지속적으로 낮추며 가르쳤습니다.

그리하여 빌리 그레함 박사의 믿음이 흔들리기 시작하였습니다. '성경이 하나님 말씀이 아니면 무엇을 믿을 수 있단 말이냐. 그러면 내가 무엇을 가지고 사람들에게 하나님 말씀이라고 전할 수 있겠느냐.' 라는 생각에 빠져 굉장히 고민하였습니다.

고민을 하던 중 하루는 달빛이 환한 학교 뒷동산에 올라갔습니다. 그리고 성경을 가슴에 안고 주님께 부르짖어 기도했습니다. "주님 저는 어떻게 해야 할까요? 교수님이 와서 가르치는 강의를 들으면, 성경은 하나님 말씀이 아니고 인간의 문학작품이라고 가르칩니다. 제가 그 강의를 계속해서 듣게 되니 성경에 대한 믿음이 사라지고 하나님에 대한 믿음이 흔들립니다. 저는 어떻게 해야만 할까요?"

이렇게 부르짖어 기도하자, 하나님이 주신 계시의 말씀이 달빛처럼 그의 마음속에 들려 왔습니다. '너는 두말하지 말고 창세기부터 계시록까지 기록되어 있는 말씀들을 하나님 말씀으로 받아들이기로 마음에 결단을 내려라. 그리고 흔들리지 마라. 세상 말에 귀를 기울이지 말고, 단호하게 성경이 하나님 말씀임을 받아들이고 마음에 결단을 내려라.'

그래서 빌리 그레함 박사는 '주님 오늘 이 시간부터 교수들이 무엇이라고 말하든지, 학자들이 무엇이라고 말하든지 저는 상관하지 않고 성경을 온전한 하나님의 말씀으로 받아들이기로 결단을 내립니다. 오늘부터 성경을 통해서 하나님을 믿습니다.' 라며 고백을 하였습니다.

그 후 빌리 그레함 박사는 일생 동안 단 한 번도 믿음이 흔들리지 않았다고 말했습니다. 그리하여 그는 설교 말씀에 언제든지 '하나님이 이렇게 말씀하시기를' 이라고 말하며 하나님의 절대 권위를 가지고 설교를 하였습니다. 그리고 그의 말씀을 통해 수많은 영혼들을 주께로 인도할 수가 있었습니다.

우리에게는 결단을 내려야 하는 시간이 있습니다. 파스칼은 "신앙이란 각 개인이 결단을 내려야 할 '도박' 과 같다."라고 말했습니다. 그는 인간의 이성으로는 '하나님이 있다' 는 것을 증명할 수도 없고, '하나님이 없다' 는 것도 증명할 수 없다고 말했습니다. 그러나 아무 증거없이도 '하나님이 있다.' 라고 믿기로 결단하고 살아가는 사람에게는 숨어 계시는 하나님께서 자신을 드러내신다고 말씀하셨습니다. 왜냐하면 믿음이란 우리 마음의 결단이기 때문입니다.

하루를 살면서

우리가 하나님을 증명하려고 해도 인간의 힘으로는 증명할 수 없습니다. 하나님은 시간과 공간, 물질을 초월해서 살아 계신 분이기 때문에 시간과 공간 안에서 사는 우리는 무엇으로도 하나님을 증명할 수 없습니다. 그러나 하나님이 계신다고 믿기로 마음에 결단을 하고 나가면, 하나님은 자신을 보여주십니다.

이제 조용히 여러분의 마음에 은혜를 주시는 성령님을 만나십시오. 그리고 확신을 가지고 결단하십시오. 예수님도 "네가 믿으면 하나님의 영광을 보리라."라고 말씀하셨습니다. 결단을 내리고 나가면 하나님의 영광을 보게 됩니다. 믿음을 통해서 하나님의 역사를 체험하십시오.

전능하시고 거룩하신 하나님!

그리스도의 복음이 우리 마음속에 전달되게 하옵소서.

십자가를 통하여 우리는 구원을 받을 수 있고 하나님의 자녀가 될 수 있다는 마음의 결단을 내리게 하옵소서. 기생 라합의 단호한 신앙을 우리도 본받아서 신앙의 결단을 내리도록 도와주옵소서. 우리가 사는 이 땅은 '여리고' 처럼 타락하여 많은 사람들이 어둠의 늪 가운데서 허우적거리고 있습니다. 이제 얼마 있지 아니하면 하나님의 군사들에게 둘러싸여 무너지고 말 것입니다. 그러나 하나님께서 우리를 위해 예비하신 새 하늘과 새 땅과 새 예루살렘으로 우리는 옮겨갈 것입니다.

하나님! 이 즐겁고 영광스러운 소식을 우리가 듣고 믿고, 온 세계를 복음화할 수 있는 우리들이 되게 도와주옵소서.

예수님의 이름으로 기도드립니다. 아멘.

믿음으로 기적을 맛보아라

: 목

믿음의 기도는 병든 자를 구원하리니 주께서 저를 일으키시리라 혹시 죄를 범하였을찌라도 사하심을 얻으리라 | 야고보서 5장 15절

우리는 세상에서 발생하는 일들을 이성의 잣대로 판단하는 경우가 많습니다. 그러나 우리의 이성을 초월하는 하나님의 전적인 임재를 체험하는 순간이 있습니다. 그 순간은 믿음의 기도를 통해 경험하게 됩니다. 성경에서 계시하는 기적이 세계 곳곳에서 일어나고 있습니다. 기적은 불가능한 것처럼 보이지만, 하나님의 마음을 가지고 있는 자들에게는 가능한 사건입니다. 믿음의 기도는 하나님의 기적을 불러일으키는 최고의 방법입니다.

믿음의 기도는 병든 자를 구원한다

저는 예전에 덴마크에서 놀라운 기적을 목격했습니다. 덴마크는 물질적으로 풍요롭고, 사회보장제도가 잘되어 있는 나라입니다. 그래

서 그들은 하나님께 나와서 기도를 할 필요를 느끼지 않습니다. 실제로 국민 전체에서 예수 믿는 사람은 10%도 안 됩니다. 한국보다 훨씬 더 심한 무신의 나라인 것입니다. 더 문제인 것은 도대체 사람들이 복음증거를 하러 모이지 않는 나라라는 것입니다.

그러나 그러한 나라일수록 삶이 병들어 있고, 온전한 행복을 누리지 못합니다. 덴마크 사람들은 무서울 정도로 정신적으로 병들어 있으며, 생활과 가정이 병들어 있습니다. 아무리 물질이 흥하고 생활이 윤택하다 할지라도 하나님을 떠난 사람치고 정신적, 육체적 생활에 병들지 않은 사람을 찾아보기란 쉽지 않습니다.

이러한 점 때문에 제가 병을 고치는 그리스도를 선포하자마자 그곳에서도 구름 떼같이 사람들이 몰려왔습니다. 저는 그 과정에서 위대한 기적 하나를 보았습니다. 나이가 50대인 엘렌 여사는 15년 동안 신장염에 걸려서 신장 하나가 거의 다 썩어버리는 사형 선고를 받았습니다. 이제 그녀에게는 살 수 있는 소망이 없었습니다. 머리 색깔은 변하고 얼굴은 누렇게 떠 있었습니다. 몸은 퉁퉁 부어 있었습니다.

그런데 그 여인이 성경에 있는 도르가처럼 잘한 일이 하나 있었습니다. 그녀는 재산이 많았는데 그 재산을 가지고 선교 사업에 끊임없이 많은 투자를 하고 있었습니다. 선교사를 보내는데 헌금을 하고, 선교지를 후원했습니다. 그뿐만이 아니라 자기 교회 목사님이 선교 여행을 하는데 뒤를 받들어주었습니다. 이와 같이 그녀는 선교와 사회봉사에 많은 투자를 했습니다. 이러한 그녀의 헌신을 하나님께서 기억하고 계셨습니다.

그리고 그녀에게 기적이 일어나게 되었습니다. 제가 복음을 증거하고 있는 그날, 허닝이라는 곳에 3,500여 명의 성도들이 공연장에 함께 모였습니다. 저는 말씀을 증거하고 난 다음에, 병자를 위해서 기도했는데 제 가슴속에 환하게 계시가 다가왔습니다. 한 여인이 신장병으로 죽어가는데 예수님께서 고치시는 모습이 제 마음속에 떠올랐습니다.

그래서 저는 다음과 같이 말했습니다. "여기 한 여인이 있는데 신장병으로 죽어가나 하나님께서 오늘 고치십니다." 그때 성령의 뜨거운 불길이 마치 뜨거운 기름을 붓듯이 그녀의 몸속에 확 부어지는 것을 그녀는 느끼기 시작했습니다.

병이 나은 많은 사람들이 치료의 간증을 하러 앞으로 나왔습니다. 제가 유럽에서 지금까지 복음을 증거하고 병자를 위해서 기도를 한 것 중에 가장 많은 사람들이 무대 앞으로 나와 간증했습니다.

그리고 그 여인도 나와서 "저는 신장염을 앓다가 나았습니다. 제 신장에 뜨거운 기름이 부어지는 것 같은 감각이 오더니 온몸에 고통이 사라지고 상쾌해졌습니다."라고 고백했습니다. 이러한 고백을 한 후 이틀이 지나자 그녀의 머리 색깔이 바뀌었습니다. 흰색으로 바랬던 것이 본래 머리 색깔로 돌아왔습니다. 얼굴에 끈기가 없어지고 부었었는데, 모든 것이 가라앉았습니다.

그리고 그 교회 목사님이신 피그랄 목사님이 제게 와서 "세상에 이런 기적을 본 적이 없습니다. 그 여인은 바로 우리 교회 교인이었습니다. 그녀는 완전히 죽은 여인이었습니다. 그런데 머리 색깔이 요 며칠 동안에 이렇게 원래 색으로 돌아오고, 얼굴 빛깔과 몸이 이렇게 건강하게 돌아오는 것을 보게 되다니, 정말 놀랍습니다. 정말 하나님은 살아 계십니다. 이 여인이 주의 사업을 위해서 그렇게 많이 투자를 하고 하늘나라에 저금해놓더니 하나님이 기억하고 계셨습니다!"라고 간증하였습니다.

우리는 오늘도 믿음으로써 기적을 맛볼 수 있습니다. 우리가 주님 앞에서 기도할 때, 주님께로부터 흘러넘치는 생수의 강이 우리에게 넘쳐남을 체험하게 될 것입니다.

하루를 살면서

예수님은 어제나 오늘이나 영원토록 동일하신 분이십니다. 그러므로 우리가 병들었을 때, 예수님께 나아가십시오. 예수님이 여러분의 산 소망이 되셔서, 기적을 맛보게 하십니다. 겨자씨만 한 믿음으로도 산을 옮기는 기적을 맛볼 수 있습니다. 두려워하지 말고, 믿음의 기도를 사용하십시오.

기도하며 P·R·A·Y

살아 계신 하나님 아버지!
오늘날 우리의 삶에 얼마나 기적이 필요한지 모릅니다.

기적은 문제의 해답이 되고, 기적은 하나님을 체험할 수 있는 길이 됩니다. 그리고 기적은 우리의 마음 가운데 영원에 대한 끝없는 소망이 됩니다. 그러나 하나님을 믿는 믿음이란 세상의 지식으로 알 수 있는 것이 아님을 고백합니다. 하나님을 믿는 믿음은 오직 성경을 통하여 깨닫게 됨을 믿습니다. 예수를 구주로 모시고 하나님을 체험하고, 우리의 신앙이 성서 중심이 되게 도와주옵소서.

그리고 우리의 믿음을 통해 하나님의 기적이 우리 생활 속에 나타날 수 있도록 하옵소서. 그리하여 하나님의 기적 가운데 내 영혼이 잘됨 같이 범사에 잘되며 강건하여 생명을 넘치도록 얻게 하옵소서.

예수님 이름으로 기도드립니다. 아멘.

'지금 믿겠습니다'
라고 고백하라

金
: 금

그러므로 내가 너희에게 말하노니 무엇이든지 기도하고 구하는 것은 받은 줄로 믿으라 그리하면 너희에게 그대로 되리라 | 마가복음 11장 24절

우리는 흔히 인생에서 성공하려면 믿음을 가져야 한다고 말합니다. 그러나 그러한 믿음을 갖는다는 것은 말만으로 되는 것이 아닙니다. 진정한 믿음을 가지고 있는 사람이라면 현재 그 믿음에 따라 자신 있게 행동할 수 있습니다. 진정한 믿음 혹은 신념에는 항상 그에 부응하는 행동이 따르게 마련입니다. 그리고 믿음의 행동은 과거가 아니라 지금 실천으로 옮기는 행동입니다. 과거에 얽매이지 않고 현재 하나님 앞으로 나아가는 믿음의 실천이 필요합니다.

믿음은 과거의 기억이 아니라 현재의 고백이다

1859년, 프랑스의 곡예사 샤를 블롱댕(Charles Blondin)이 「뉴욕 타임즈」에 조그만 광고를 냈습니다. 나이아가라 폭포 위에 밧줄을 설치하

고, 그 밧줄을 타고 나이아가라 폭포를 건너겠다는 내용이었습니다.

그 폭포 가까이의 난간을 잡고 서면, 아래로 떨어지는 엄청난 물의 위력에 압도당해 경이로움에 사로잡히게 됩니다. 사람들은 마지못해 박수를 치며 환성을 터뜨렸습니다. 그러자 그는 밧줄에 올라섰고, 모두에게 놀라움을 안겨주며 거뜬히 밧줄을 타고 폭포를 건넜습니다. 군중은 열광하며 환호성을 터뜨렸습니다.

그러자 그가 다시 군중에게 소리쳐 말했습니다.

"제가 외바퀴 자전거를 타고 밧줄 위를 지나 폭포를 건널 수 있다고 믿는 분은 박수를 쳐주십시오!" 그것은 지나친 모험 같았습니다. 그렇지만 군중은 예의 바른 박수와 환호성으로 응답했습니다. 그리고 그는 외바퀴 자전거를 타고 밧줄 위를 지나 나이아가라 폭포 횡단에 성공했습니다. 그런 다음 그가 다시 물었습니다.

"제가 죽마를 타고 건널 수 있다고 믿는 분도 계십니까?"

다시 한 번 군중은 마지못해 반응을 보였고, 그는 죽마를 타고 335미터나 되는 밧줄 위를 지나 나이아가라 폭포를 횡단해 모든 군중에게 놀라움을 안겨주었습니다. 군중들은 미친 듯이 환호성을 터뜨렸습니다. 그러자 그가 다시 물었습니다.

"제가 이 폭포를 눈을 가리고 건널 수 있다고 생각하시는 분은 얼마나 됩니까?"

이것은 군중들로서는 거의 믿을 수 없는 제안이었습니다. 그래서 마지못해 박수를 쳤습니다. 그러나 그는 이것도 해냈고, 이 광경을 본 군중들은 걷잡을 수 없는 환호성을 터뜨렸습니다. 박수와 환호성이 잦아들자 그가 다시 물었습니다.

"제가 어깨 위에 사람을 올려놓고 건너는 것도 성공할 수 있다고 생각하시는 분이 계십니까?"

군중은 이번에는 더욱더 엄청난 환호성과 박수로 응답했습니다. 물론 모두들 그것도 성공할 수 있으리라고 믿었던 것입니다. 그들은 이미 그가 지금 얘기한 것보다 훨씬 스릴 넘치는 묘기를 부리며 폭포를 네 번이나 횡단하는 것을 보았기 때문이었습니다. 그들이 계속 소리를 질러대며 박수를 치자 샤를 블롱댕은 군중을 조용히 시킨 다음 이렇게 물었습니다.

"좋습니다. 그럼 누가 지원하시겠습니까?"

순간 어색하고 당황스러운 침묵이 이어졌습니다. 소리를 질러대며 환호성을 터뜨리던 5,000명의 군중은 그가 어깨에 사람을 올려놓고 안전하게 폭포를 건널 수 있다고 진정으로 믿는 것처럼 보였습니다. 그러나 그 믿음을 실제로 보여줄 사람은 단 한 명도 없었던 것입니다.

그때 군중들 가운데, 샤를 블롱댕이 자신을 어깨에 올려놓고서도 안전하게 건너갈 수 있다고 믿는 사람이 단 한 명 있었습니다. 그는 블롱댕의 친구였습니다. 그는 블롱댕의 어깨에 올라탔고, 그리하여 사상 처음으로 다른 사람의 어깨에 올라타고서 나이아가라 폭포 위를 횡단한 첫 번째 인물이 되었습니다.

하루를 살면서

하나님은 지금의 하나님이십니다. 아브라함의 하나님, 이삭의 하나님, 야곱의 하나님은 죽은 자의 하나님이 아니시고, 산 자의 하나님이시며, 우리들의 하나님이십니다. '예수 그리스도는 어제나 오늘이나 영원토록 동일하시다.' 라고 말씀하십니다. 그러므로 우리는 현재의 믿음을 가져야 합니다.

기도하며 P·R·A·Y

전능하시고 거룩하신 하나님 아버지!

오늘 각자에게 분량대로 믿음을 주신 것을 감사합니다. 우리가 이 믿음을 활용하기 위해서는 깨닫게 되는 말씀을 받아야 한다는 것을 압니다. 성전 뜰만 밟지 말고 말씀을 듣고 읽고 깨닫게 될 때 그 말씀이 나의 말씀, 믿음의 말씀이 되게 하여주옵소서. 말씀을 깨달을 때 기적이 일어나는 것을 알게 도와주옵소서. 말씀이 성령의 능력으로 깨닫게 될 때 이를 과거나 미래로 미루지 말고, 지금 우리의 신앙이 산을 옮기는 믿음이 되어 예수님이 기적을 이루어주신 것을 믿게 하옵소서. 지금의 하나님을 믿게 하여주옵소서. 지금 마음에 믿음을 받아들이고, 지금 마음속에 심어놓고 감사하게 하옵소서. 지금 우리의 입으로 시인하게 하옵소서.

예수님의 이름으로 기도드립니다. 아멘.

·········· 4단계 **Dream**

마음
하늘에
그려야 할
꿈

월. 구체적인 꿈과 비전을 마음에 그려라

화. 바로 지금, 작은 것부터 성취하라

수. 나는 꿈꾸고 하나님은 일하신다

목. 우리에게는 꿈이 있다

금. 꿈을 심어주는 지도자가 되어라

마음하늘에 그려야 할 꿈

The Fourth Dimension Spirituality Practice

저는 오래전에 이상한 꿈을 꾸었습니다. 보통 저는 꿈을 꾸면 잊어버리는 경우가 많지만, 이번만큼은 또렷이 제 기억 속에 남아 있었습니다. 제가 꿈에 어느 해변에 갔는데 파랗고 맑은 물을 볼 수 있었습니다. 모래도 기가 막히게 희고 아름다웠습니다. 그 물이 철썩 철썩 모래를 때릴 때 마치 하늘의 노래를 듣는 것 같았습니다.

그러나 그 모래사장 뒤에는 깎아지른 듯한 절벽이 있는 산이 있었습니다. 그 절벽은 마치 병풍 같은데 너무나 험하고 높아서 감히 사람이 그 절벽을 기어오르려고 생각할 수가 없을 정도였습니다.

그런데 어느 누가 그 절벽에 기대어서 아름다운 호텔을 짓고 있었습니다. 아주 멋있는 호텔이었습니다. 하늘을 찌를 듯이 높은 고층 건물이었습니다. 제가 볼 때 불가능한 것을 가능하게 변화시키는 공사였습니다. 그래서 아직 이루어지지 않은 호텔이기에 호텔의 발판을 타고 위로 올라갔습니다. 그리고 그 큰 홀에 들어가니까 키가 1미터

65센티미터쯤 되며, 70세로 보이는 할아버지가 서 있었습니다. 할아버지는 아주 얼굴이 벌겋고 몸이 뚱뚱하셨습니다. 머리도 수염도 백발이었습니다.

그래서 제가 반갑게 인사를 하니까 그분이 하는 말이 "내가 이 건물을 짓고 있는 건물주입니다."라는 것이었습니다. 그렇게 말하면서 저를 쳐다보더니만 "조 목사님 오늘날 세상의 가장 큰 문제는 사람들이 꿈과 환상을 갖지 않는다는 것입니다. 내가 70 고령에 이런 호텔을 짓는 것은 돈벌이를 위해 하는 것이 아닙니다. 오늘날 젊은 세대가 꿈과 환상을 잃어버렸기 때문에 그들에게 꿈을 가지고 환상을 가지면 불가능이 없다는 것을 증명해주기 위해서입니다. 오늘날 젊은이가 마음속에 꿈을 잃어버리고 환상을 잃어버리면 내일이 없습니다. 그들은 살았다고 하나 죽은 것입니다. 그러므로 70세 노인이 모든 사람들이 절대로 불가능하다고 생각하는 이런 곳에 호텔을 짓는 꿈과 환상을 갖고 그것을 실현해 보인다면 젊은 사람들에게 더 큰 꿈을 품게 할 수 있을 거라 생각합니다. 나는 오랫동안 이곳에 호텔을 짓겠다고 꿈을 가졌습니다. 오늘 그 꿈이 조 목사님이 보는 앞에서 이루어져가고 있습니다."

그러면서 그는 흡족한 얼굴로 저를 쳐다보고 있는데 그 장면을 끝으로 하고, 저는 잠에서 깨어났습니다. 그가 하는 모든 말이 마치 저를 보고 하는 말 같았습니다. "조 목사 꿈을 가져라. 꿈이 없는 백성은 망한다." 마음에 굉장히 큰 충격을 받았습니다. 그날 이후부터 시작해서 지금까지 제 마음속엔 그 할아버지의 음성이 늘 울려옵니다. 젊은이들이 꿈과 환상을 버리므로 이 세대는 희망을 잃게 되었다는 그 말이 마음속을 떠나지 않았습니다.

꿈을 갖지 않는다는 것은 비단 젊은이들만의 문제가 아닙니다. 수많은 사람들이 꿈을 잃어버리고 곳곳에서 배회하고 있는 모습을 볼 수가 있습니다. 요엘 선지자를 통해 예언된 꿈과 이상(욜 2:28)이 이 땅에 필요합니다. 그렇다면 하나님이 주시는 꿈을 실현시키기 위한 방법에는 무엇이 있을까요?

먼저 구체적인 꿈과 비전을 마음에 그리십시오. 우리는 마음속에 꿈을 품고 살아야 합니다. 하나님은 꿈이 없는 사람은 사용하지 않습니다. 하나님께서 아브라함에게 꿈을 주신 것을 보십시오. 그는 75세의 나이로 늙었고, 인생의 종말을 구하려고 했습니다. 그런데 하루는 하나님께서 아브라함에게 찬란한 꿈을 부어주셨습니다. 마음속에 꿈이 들어오면 보통 사람이 아닙니다. 그 사람은 꿈의 사람으로 변화됩니다. 나이도 상관없습니다. 인종도 상관없습니다. 마음속에 꿈이 들어오면 그 꿈을 통해서 새 사람으로 변화됩니다.

어느 날 수녀 한 사람이 자기 상사 수녀에게 찾아왔습니다. 상사 수녀가 왜 왔느냐고 물으니까 "제가 고아원을 하나 세워서 고아들을 돌봐주기를 원합니다."라고 말했습니다. 상사 수녀가 "너는 고아원을 세울 만한 돈이 있느냐?"라고 물으니 그 수녀는 손에 10원짜리 몇 푼을 보여주었습니다. 그래서 상사 수녀가 "이 사람아, 10원짜리 몇 푼을 가지고서 어떻게 고아원을 세우려고 하느냐?"라고 말하니까 이 수녀가 겸연쩍게 웃으면서 대답했습니다. "제 손에는 10원짜리 몇 개만이 있지만 제 마음속에는 고아들을 기르는 고아원의 꿈이 불타고 있습니다."라고 대답하는 것입니다. 그래서 상사가 하도 기가 막혀서 "그래? 네 마음대로 해봐라."라고 대답했습니다.

결국 그 수녀는 고아원을 세웠습니다. 수많은 고아들을 돌보았고 죽음의 집을 세웠습니다. 방황하며 집이 없어 죽어가는 거리의 거지들을 데려왔습니다. 그리고 그들을 안락하고 편안하게 쉴 수 있도록 도와주었습니다. 그 사람이 바로 인도의 성자 테레사 수녀입니다. 테레사가 노벨 평화상을 탈 만큼 위대한 일을 할 수 있었던 것은 그녀에게 꿈이 있었기 때문입니다. 과거 그녀의 손에 10원짜리 몇 푼밖에 없었을 때에도 그녀는 마음속에 불타는 꿈을 가지고 있었습니다.

꿈을 실현하기 위한 두 번째 방법은 바로 지금, 작은 것부터 성취하는 것입니다. 실제로 꿈과 비전이 있는 사람은 지금 당장 작은 것을 성취하는 것에 소홀하지 않습니다. 또한 마음속에 그린 꿈을 그저 갖고만 있어서는 안 됩니다. 그 꿈을 실현하기 위한 구체적인 계획들을 작은 것부터 하나씩 성취해 나가야 합니다. 결코 서두르지 말고 정확하고 분명하게 기초를 닦아야 뜻한 바를 이룰 수 있습니다. 그리고 첫 번째 과정이 성공하고 난 뒤에 두 번째 과정으로 확대해 나간다면, 실패 없이 꾸준히 성장할 수 있습니다.

제1차 세계대전이 끝나고 난 뒤, 미국에서는 백만장자 4,043명의 생애를 조사하였습니다. 그들 중에는 교육을 받은 사람도 있고 못 받은 사람도 있었습니다. 또한 상속을 받은 사람도 있고 못 받은 사람도 있었습니다. 여러 가지 환경이 있었지만 4,043명의 백만장자에게는 하나의 공통점이 있었습니다. 그것은 모두가 삶에 분명한 목표가 있었고 목표를 위해 작은 것부터 하나씩 실천했다는 것입니다.

그런데 자신의 목적을 위해서만 꿈을 꾸어서는 안 됩니다. 하나님이 주시는 꿈을 꾸어야 합니다. 따라서 세 번째 단계로는 꿈꾸는 사람이 자신의 마음 가운데 '나는 꿈꾸고 하나님은 일하십니다.' 라는 고백이 필요합니다. 내 꿈이 내 눈앞에서 산산조각이 날지라도 하나님이 주신 꿈이라면 하나님의 능력으로 다시 부활할 수 있습니다. 그러므로 사망의 음침한 골짜기를 지나서 천지가 캄캄하고 모든 것이 끝장났다고 생각할지라도 나의 꿈이 부활할 것을 기대할 수 있습니다. 그리고 나의 꿈을 통해 하나님께서는 역사하십니다.

그리고 이 꿈을 나만이 꿈꾸어서는 안 됩니다. 다음 단계는 자신의 꿈을 우리의 꿈으로 만들어야 합니다. 마틴 루터 킹 목사가 '나에게는 꿈이 있습니다(I have a dream).' 라고 고백했을 때 그의 꿈은 '나의 꿈'에서 '우리의 꿈'으로 바뀌었습니다. 백인과 흑인이 하나가 되어 하나님의 나라를 체험하는 꿈으로 바뀐 것입니다. 그가 하나님이 역사하시는 꿈을 주변 사람에게 고백했을 때 모든 사람들이 같은 꿈을 꿀 수 있었습니다. 그리고 지금 미국 사회에는 인종차별의 시기를 지나, 민족의 다양성을 인정하는 사회로 접어들게 되었습니다. 이와 같이 하나님 안에서 개인의 꿈이 우리의 꿈이 될 때, 더욱 놀라운 역사가 나타납니다.

마지막으로 꿈을 심어주는 지도자가 되십시오. 제가 볼 때 미국 사회의 가장 암흑기는 월남전쟁 때였습니다. 미국이 월남전에서 패하고 난 뒤 국민의 사기는 땅에 떨어졌습니다. 학원의 소요는 극에 달했으며, 더러운 옷을 입고 장발에 맨발로 거리를 헤매는 청소년들 그리고 히피들이 거리 어디에나 득실거렸습니다. 강대국인 미국의 꿈과 위신은 땅에 떨어졌고 꿈을 잃은 미국 국민들로 인해 미국은 삼류국가로 전락하고 말았습니다.

그러나 1980년 레이건 대통령이 취임하고 난 이후로 미국은 급속도로 변화되기 시작했습니다. 그것은 레이건 대통령이 성공적으로 미국 국민에게 꿈을 심어줄 수 있었기 때문입니다. 새롭게 강한 미국, 희망찬 미국, 부강한 미국의 이미지를 국민에게 심어주었습니다. 그리고 그 꿈은 급속도로 미국 사회를 변화시켜 활기차고 생기에 넘치며, 자신감에 찬 미국으로 변화시켰습니다.

우리에게도 꿈을 심어줄 수 있는 지도자가 필요합니다. 한국이 살아남기 위해서는 꿈을 품어야 합니다. 우리 민족이 꿈을 잃어버리고 허랑방탕하게 사치하고 낭비만 하면 결국에 가서는 파멸당하고 맙니다. 우리 민족에게 내일을 향한 강렬한 꿈을 심어줄 수 있는 지도자가 필요한 것입니다.

자고 나면 잊어버리는 환상과 같은 꿈이 아니라, 한국 사회를 변화시키는 강렬한 꿈. 그러한 꿈을 하나님의 말씀을 통해 우리의 마음 속에 품읍시다. 하나님이 우리의 꿈을 통해 이 나라를 살리시고, 변화시키실 줄 믿습니다.

구체적인 꿈과 비전을 마음에 그려라

: 월

그 후에 내가 내 신을 만민에게 부어 주리니 너희 자녀들이 장래 일을 말할 것이며 너희 늙은이는 꿈을 꾸며 너희 젊은이는 이상을 볼 것이며

| 요엘 2장 28절

우리에게 꿈이 있으면 그 꿈을 향해서 전속력을 다해 매진할 수 있습니다. 따라서 우리가 성공적인 인생을 살기 위해서는 반드시 마음속에 분명한 꿈을 가져야 합니다. 먼저 목표를 세우고 자신의 구체적인 꿈과 비전을 마음에 그립니다. 그리하여 마음속에 그 목표가 이루어진 자신의 모습을 항상 간직하며 꿈을 꿉니다. 그 꿈을 꾸는 가운데 자신도 모르게 그 꿈의 주인공이 되어 있음을 깨닫게 될 것입니다.

꿈을 크게 갖고 마음에 그려라

미국에 거대한 목장을 소유한 몬츠 로버츠의 벽난로 위에는 서툴게 그려진 목장 지도가 액자에 곱게 끼워져 있습니다. 어느 여름날 그는 자신의 목장을 청소년 캠프장으로 개방하고 그곳에 모인 청소년들에게 이런 간증을 하였습니다.

그가 어릴 때 아버지는 말을 훈련시키는 떠돌이 조련사였습니다. 그래서 그는 한 학교에 오래 다니지 못했습니다. 그가 고등학교에 다닐 때 담임선생님이 꿈을 종이에 써서 제출하는 숙제를 내주었습니다. 로버츠는 목장 주인이 꿈이었기 때문에 7장의 종이에 자신의 꿈을 깨알같이 적고 목장의 구조를 자세히 그려서 제출했습니다.

그 그림에는 82만 5,000평방미터에 달하는 푸른 초원에 말과 소, 양들이 뛰어다니고 커다란 저택도 한가운데 그려져 있었습니다.

그러나 다음날 선생님은 로버츠를 불러서 그가 제출한 숙제에 빨간 글씨로 F라고 써주었습니다. 빵점을 준 것입니다. 선생님이 덧붙여서 말했습니다. "네 꿈은 불가능하다. 너와 네 아버지는 돈이 한 푼도 없는 가난뱅이가 아니냐. 만일 네가 좀 더 현실적인 꿈을 갖는다면 점수를 다시 주도록 하마. 새로 고쳐 오너라."

로버츠는 밤새 고심했습니다. 그러나 점수 때문에 자신의 꿈을 바꿀 수는 없었습니다. 그래서 다음날 전에 제출했던 숙제를 다시 들고 가서 말했습니다. "선생님, 저는 빵점을 받더라도 제 꿈을 그대로 간직하겠습니다."

여기까지 이야기한 로버츠는 청소년들을 향해 이렇게 말했습니다. "여러분들은 지금 제 꿈의 한가운데에 와 있습니다. 여러분, 보세요. 제가 그때는 비록 빈손인 가난뱅이였지만 꿈을 포기하지 않았기 때문에 지금 그 꿈의 한가운데 서 있게 된 것입니다. 여러분 앞에 보이는 이 지도가 바로 제가 고등학교 때 그린 지도입니다."

가난뱅이 소년이라고 해서 꿈을 못 가질 이유가 어디 있습니까? 꿈이 없어서 이룰 게 없는 것이지 꿈을 가진 사람에게 현재의 조건은 아무런 문제가 되지 않습니다.

사람들은 "꿈같은 소리 하지 마라."고 말합니다. 그러나 꿈같은 소리를 많이 해야 합니다. 꿈을 꾸고 그것을 종이에 적습니다. 그리하여 하나님 안에서 적은 그 꿈이 우리 앞에서 실현됨을 목격합시다.

꿈은 성취의 그림입니다. 자신의 꿈을 작게 그리면 그릴수록 그 그림은 작을 수밖에 없습니다. 사람이 체구가 작다고 해서 꿈이 작으리라는 법은 없습니다. 공부를 못했다고 해서 꿈을 작게 꾸라는 법도 없습니다. 인생에 있어서 성공과 실패의 관건은 공부에 있지 않습니다. 꿈에 있는 것입니다. 하나님은 구체적으로 마음에 꿈을 그리고, 큰 꿈을 꾸고 있는 사람을 사용하십니다.

살아 계신 하나님!

꿈을 저버린 사람은 인생을 버린 사람입니다. 꿈을 가지고 있는 사람은 계속해서 새로운 세계를 창조하는 사람입니다. 하나님이 주신 꿈이 우리의 행동을 변화시키게 하옵소서. 꿈이 우리를 붙잡아서 이끌어주고, 실현될 수 있도록 도와주옵소서.

올바른 꿈은 하나님께로 이끌어주고 잘못된 꿈은 마귀에게 이끌어줍니다. 그러므로 올바른 꿈을 구체적으로 우리 마음 가운데 그릴 수 있게 하옵소서. 그리하여 우리의 꿈을 가능케 하시는 주님을 바라보고 영생을 얻는 꿈을 갖게 하옵소서.

예수님의 이름으로 기도드립니다. 아멘.

火 바로 지금, 작은 것부터 성취하라

: 화

겸손한 자는 먹고 배부를 것이며 여호와를 찾는 자는 그를 찬송할 것이
라 너희 마음은 영원히 살찌어다 | 시편 22편 26절

꿈에 대한 실천은 바로 '지금' 부터입니다. 지금 당장 자신이 처한
현실이 꿈을 실현하기에는 불가능하게 보인다 하더라도 자기 꿈에 대
한 확신은 반드시 필요합니다. 그리고 그 꿈을 향한 실천방안으로 작
은 것부터 성취해 나가야 합니다. 작은 일에 최선을 다하며, 겸손히
나아가는 자. 그러한 사람에게는 하나님이 기회의 문을 활짝 열어주
십니다. 조그마한 겨자씨가 큰 나무가 되어 열매를 맺듯, 작은 것부터
겸손히 준비하는 과정이 필요합니다.

겸손과 헌신으로 자신의 꿈을 성취하라

세계적인 부자였던 존 록펠러에 관한 일화가 있습니다.

하루는 한 친구가 존에게 물었습니다. "존, 너는 장차 커서 뭐가

되고 싶니?" 소년 록펠러는 주저 없이 대답했습니다. "나는 10만 달러의 가치가 있는 사람이 되고 싶어, 난 꼭 그렇게 될 거야."

당시 그는 이리 스트리트 침례교회에 다니고 있었는데, 교회활동이나 봉사에 매우 열심이었습니다. 또한 록펠러에게는 어린 시절 어머니와 맺은 3가지 약속이 있었습니다. 그 약속은 바로 이러했습니다.

"첫째, 십일조 생활을 해야 한다. 둘째, 교회에 가면 맨 앞자리에 앉아 예배를 드린다. 셋째, 교회 일에 순종하고 목사님의 마음을 아프게 하지 않는다."

어머니와 약속한 세 가지 사항을 평생토록 기억했던 록펠러는 자신의 꿈을 위해 작은 것부터 실천하기 시작했습니다.

먼저 교회 생활이었습니다. 록펠러는 열아홉 살에 이리 스트리트 침례교회의 집사가 되었습니다. 해가 바뀔 때마다 록펠러의 헌금 액수는 놀랄 만큼 늘어났습니다. 그가 운영하는 회사가 엄청난 규모로 성장하고 있었기 때문입니다. 그는 자신이 벌어들인 돈의 십분의 일을 정확하게 계산해서 십일조를 드렸고, 그것이 상당한 액수였기 때문에 교회 재정의 정상화에 큰 힘을 실어주었습니다.

다음으로 직업에 대한 소명의식이었습니다. 록펠러는 1855년 8월 고등학교를 졸업했습니다. 당시 열여섯 살의 소년 록펠러는 가정형편 때문에 대학 진학을 포기하고 클리블랜드에 있는 '휴이트 앤드 터틀'이라는 곡물 위탁판매회사에 경리로 취직했습니다. 그는 매일 아침 6시 30분에 출근해 밤 10시가 넘어서야 퇴근했는데, 사장과 동료들은 록펠러의 성실하고 헌신적인 태도에 모두 놀랐습니다. 하지만 그가 받은 월급은 일한 것에 비해 터무니없이 적었습니다. 그럼에도 록펠러는 일을 배울 수 있다는 것 자체에 만족하며 열심히 일했습니다.

1859년 3월, 록펠러는 3년째 다니던 회사를 그만두고 다른 위탁판매회사에서 경리로 일하던 모리스 클라크와 함께 각자 2,000달러씩 4,000달러의 자본금으로 부둣가에 있는 허름한 창고 건물에 '클라크 앤드 록펠러'라는 간판을 내걸고 위탁판매업을 시작했습니다. 이제 갓 스무 살이 된 록펠러는 내심 자신감으로 가득 찼지만, 하나님께 겸손함을 달라고 기도했습니다. "저 자신을 돌아보고 조심하지 않으면 실패하게 됩니다. 항상 겸손할 수 있게 도와주세요."

그렇게 시작된 클라크 앤드 록펠러 회사는 첫 해에 4,400달러, 다음 해에 1만 7,000달러의 흑자를 기록하며 급성장했습니다. 더욱이 1861년 4월에 시작된 남북전쟁은 그들의 사업에 날개를 달아주었습니다. 록펠러는 상품의 구매와 판매 등 영업에서 탁월한 능력을 발휘했고, 클라크 앤드 록펠러 회사는 클리블랜드에서 가장 신용 평가가 높은 회사 중 하나로 성장했습니다.

작은 일에 최선을 다했던 록펠러. 후에 그는 그 유명한 회사인 '스탠더드 오일'을 탄생시키고, 미국 석유 시장의 95%를 점유하는 초유의 글로벌 기업을 만드는 초석을 다지게 되었습니다.

하루를 살면서

여러분은 혹시 작은 일을 소홀히 하며 꿈만 크게 갖고 있지는 않습니까? 하나님은 여러분이 작은 일에 최선을 다하며, 겸손히 소명을 갖고 일하기를 원하십니다. 자신의 꿈을 향해 한 걸음씩 나아갈 때, 지름길이란 있을 수 없습니다. 하나님이 쓰시는 사람은 겸손히 자신의 일에 최선을 다하는 사람입니다. 여러분이 있는 삶의 자리에서 최선을 다하십시오! 최선을 다하는 여러분에게 하나님의 은혜가 임하리라 믿습니다.

기도하며 P·R·A·Y

살아 계신 하나님 아버지!

주께서 우리에게 영원한 생명을 주시고, 천국의 꿈을 심어주셔서 우리로 하여금 희망을 갖고 살 수 있도록 해주시니 감사합니다.

또한 우리가 그렇게 희망을 갖고 꾸는 꿈들을 작은 것부터 실천할 때 하나님께서 모두 이루어주실 것을 믿습니다. 우리가 각자 주어진 능력대로 자신의 본분에 최선을 다함으로써 하나님이 주시는 풍성하고 복된 삶을 살 수 있도록 하여주시옵소서.

예수님의 이름으로 기도드립니다. 아멘.

水 : 수 나는 꿈꾸고 하나님은 일하신다

너는 내게 부르짖으라 내가 네게 응답하겠고 네가 알지 못하는 크고 비밀한 일을 네게 보이리라 | 예레미야 33장 3절

그리스도인이 꾸는 꿈은 세상 사람들이 꾸는 꿈과 다릅니다. 단순히 자신의 목적을 위해 꾸는 꿈은 하나님이 원하시는 꿈이 아닙니다. 하나님이 원하시는 꿈을 꾸며, 기도할 때 하나님이 역사하십니다. 이때에는 나의 꿈이 하나님의 꿈이 되며 하나님의 꿈이 바로 나의 꿈이 됩니다. 그리하여 좌절의 순간에도 다시금 거듭날 수 있습니다. 왜냐하면 부활의 주님이 나의 꿈을 회복시켜주시기 때문입니다.

無에서 有를 창조하시는 하나님을 의지하라

어떤 큰 교회를 짓는 공사장에서 돌을 다듬는 세 사람의 석공에 대한 일화가 있습니다. 책임을 맡은 목사님이 공사장을 둘러보다가 석공들을 보고 한 사람씩 질문을 했습니다.

첫 번째 석공에게 물었습니다.

"지금 당신은 무엇을 하고 있습니까?"

"보면 모릅니까? 돌을 다듬고 있지 않소!"

목사님은 다른 석공에게 똑같은 질문을 했습니다.

"당신은 지금 무엇을 하고 있습니까?"

"목구멍이 포도청이라 먹고살려고 이 고생을 한답니다."

목사님은 또 한 사람에게 똑같이 물었습니다.

"당신은 지금 무엇을 하고 있습니까?"

"예, 저는 하나님이 제게 주신 꿈을 가지고 이 교회를 짓습니다. 아름답고 장엄한 교회를 만들어 많은 사람이 이곳에서 하나님의 은혜를 받기를 소원합니다."

단지 자기 혼자만 잘 먹고 잘 살기 위해 꾸는 꿈이 아니라 많은 사람들에게 희망을 주는 꿈, 이것이 바로 하나님이 주시는 꿈입니다. 또한 하나님은 우리가 이러한 꿈을 꾸기를 기대하고 계십니다. 그리고 그러한 꿈을 꾸고 있는 자들에게는 하나님의 기적을 보여주십니다.

제가 남미 선교 여행 중 카브레 목사님으로부터 이런 간증을 들었습니다. 한 어머니가 아이를 안고 와서 카브레 목사님께 안수 기도를 해달라고 하기에 보니, 그 아이는 귀가 없었습니다. 참 기가 막힌 상황이었습니다. 그러나 목사님은 안수 기도를 할 때 눈을 감고, 하나님이 그 아이에게 멋진 귀를 만들어서 붙여주시는 것을 그림으로 그렸습니다. 귀가 없는 자리에 아름다운 귀가 생긴 것을 꿈으로 상상하면서 그 어린아이에게 간절히 안수 기도를 해주었습니다.

그런데 기도를 하고 난 다음 얼마 있다가 보니, 조그마한 혹이 하나 생겼습니다. 목사님도 '이상하다.'라는 생각이 들었습니다. 얼마 뒤에 그 어머니가 그 아이를 데리고 다시 기도를 받으러 왔을 때도 처음과 변함없이 귀가 생길 꿈을 가지고 상상하고 그림을 그리면서 안수해주었습니다.

그리고 그 어머니에게 당부했습니다.

"자매님, 아기에게 예쁜 귀가 생기는 꿈을 꾸세요. 귀가 없지만 귀가 있다고 생각하세요. 아침마다 '우리 아가, 참 귀가 예쁘구나.'라며 쓰다듬어주세요."

얼마 후 그 조그마한 혹이 자꾸 자라는 것이 보였습니다. 다시 그 어머니가 아이를 데리고 왔을 때, 목사님은 그 아이의 없는 귀를 있는 것으로 생각하면서 안수 기도를 하고 눈을 떴습니다. 눈을 뜨고 그 아이를 보는 순간 그 혹이 부채처럼 쫙 펴졌습니다. 꿈꾸며 기도한 대로 아름다운 귀가 생겨난 것이었습니다.

이것이야말로 '나는 꿈꾸고 하나님께서 일하신다.'라는 말이 이뤄진 역사였습니다.

하루를
살면서

우리가 하나님의 꿈을 먹고살면 그 하나님의 꿈이 우리 가운데 이루어진다는 것을 믿어야 합니다. 하나님은 그분의 꿈을 실현시키시고자 예수님을 이 세상에 보내셨습니다. 그리고 예수님의 대속으로 우리의 죄가 모두 용서받게 되는 꿈을 이뤄주셨습니다. 그리스도 안에서 모두가 용서를 받고 의롭다 함을 얻는 하나님의 꿈을 받아들이니 얼마나 좋습니까? 그리스도를 통해서 하나님의 꿈을 꿉시다!

기도하며
P·R·A·Y

사랑이 많으신 하나님!

우리가 예수 그리스도의 십자가 밑에서 참으로 변화된 꿈을 꿀 수 있게 해주시니 감사합니다. 그리스도 안에서 오중복음과 삼중축복의 꿈을 가지고서 나아가게 하옵소서. 성령님과 더불어 전진하는 주의 백성들이 다 되게 도와주옵소서.

'나는 못한다. 나는 할 수 없다.' 라는 절망을 다 벗어버리게 하여주옵소서. 그리하여 그리스도 안에서 십자가를 통해 우리에게 주신 천국의 영롱한 꿈을 마음속에 갖게 하옵소서. 그리하여 나의 꿈이 하나님의 꿈이 되어, 보혜사 성령님이 전적으로 역사하시는 삶을 살게 하옵소서.

예수님 이름으로 기도드립니다. 아멘.

우리에게는 꿈이 있다

: 목

우리가 다 하나님의 아들을 믿는 것과 아는 일에 하나가 되어 온전한 사람을 이루어 그리스도의 장성한 분량이 충만한데까지 이르리니

| 에베소서 4장 13절

하나님은 우리에게 꿈을 주십니다. 그런데 그 꿈은 사람 혼자서 실현시키기에는 어려움이 많습니다. 왜냐하면 하나님이 주시는 꿈은 크고 원대하여 사람 혼자서는 그 과정에서 생기는 여러 가지 문제들을 해결할 능력이 없기 때문입니다. 그런데도 자기 혼자서 그 꿈을 이루려고 노력하면 자기 앞에 놓여 있는 문제들을 가지고 혼자서 씨름할 수밖에 없습니다. 이러면 꿈을 이루는 것이 무척 힘들고, 괴로운 고통으로 여겨지게 됩니다.

그러나 자신의 꿈을 하나님과 공동체 가운데 함께 꾸게 된다면, 그 꿈을 향한 발걸음은 가벼울 수밖에 없습니다. 하나님의 꿈은 믿음의 조상에게만 주어진 꿈이 아닙니다. 믿음의 조상에게 주셨던 꿈이 나의 꿈이 되고, 우리의 꿈이 되었을 때 하나님의 나라가 이 땅 가운

데 확장되어 갈 수 있습니다.

함께 꿈꾸며 전진하라

지금 '오산리 최자실 기념 금식기도원' 이 세워진 자리는 원래 우리 교회의 공동묘지였습니다. 우리 교회를 다니시다 소천하시는 분들을 그곳에 모셨습니다. 그래서 건물이라고 해봐야 공동묘지를 관리하는 조그마한 사택이 전부였습니다.

기도원을 세우기 전에 장모님이신 최자실 목사님이 그곳에서 기도모임을 하였습니다. 최 목사님은 항상 기도모임을 인도하시면서 "여러분, 하나님이 조 목사의 마음을 움직여서 이곳에 기도원을 세울 수 있도록 기도합시다."라고 말씀하셨습니다. 그 당시 저는 여의도로 교회를 이전하는 문제로 인해 재정적인 압박을 받고 있었습니다. 은행 빚이 산더미처럼 많았습니다. 저는 빚 때문에 너무도 고통을 당하고 있는데, 장모님은 성도들과 함께 "하나님, 조 목사의 마음을 움직여서 이곳에 기도원을 세우게 해주세요."라며 기도원 건립에 대한 꿈을 품고 계셨습니다.

그래서 저는 여러 차례 공동묘지로 장모님을 만나러 갔습니다. "장모님, 지금은 기도원을 지을 돈이 없습니다. 이미 교회를 짓느라 은행에서 빌린 돈 때문에 시달리고 있습니다. 이제 기도원까지 짓는다면 저는 빚에 깔려서 죽을지도 모릅니다."라고 말하며 설득했습니다. 그러자 장모님은 "알았네. 앞으로는 기도원을 짓게 해달라고 기도하지 않겠네."라고 말씀하셨습니다.

그러나 제가 교회에 돌아오면 장모님은 성도들에게 "우리 다시 하나님께서 조 목사의 마음을 움직여서 이곳에 기도원을 세울 수 있도록 해달라고 기도합시다."라고 말씀하셨습니다. 그러자 성도들 사이에 저를 비난하는 목소리가 들려오기 시작했습니다. "최 목사님이 저렇게 울부짖고 기도하시는 것이 다 조 목사님 때문이래요. 조 목사님은 마음이 차가운 사람인 것 같아요. 장모님이 저렇게 기도하시는데도 어떻게 그냥 모른 척할 수가 있어요."

저는 아주 난처한 상황에 처하게 되었습니다. 그래서 다시 여러 번 장모님을 찾아가 말씀드렸습니다. 그러나 막상 제가 가고 나면 최목사님은 다시 기도원 건립을 위해서 성도들과 기도했습니다. 그래서 마침내 저도 기도원 건립 문제를 놓고 기도하지 않을 수 없었습니다. 그런데 기도하면서 기도원 건립에 대한 최 목사님의 꿈이 하나님의 뜻이라는 확신이 왔습니다.

저는 이것이 정말로 하나님의 뜻인지 아닌지를 알기 위해서 성경을 찾아 읽기 시작했습니다. 그런데 제가 성경을 펼쳐서 읽자 성경에는 '기도, 함께 모여 기도하는 성도들, 그리고 우리의 기도를 들으시는 하나님에 대한 이야기들'로 가득 채워져 있다는 것을 알았습니다.

또한 기도원 건립에 대한 타오르는 열정을 가지고 기도하자 엄청난 평화가 제 마음 깊은 곳에서부터 흘러넘치기 시작했습니다. 그래서 저는 오산리로 달려가 공동묘지 위로 올라갔습니다. 제 발 밑에 온

일대가 펼쳐져 있었습니다. 저는 꿈과 환상을 통해 이미 완공된 건물들을 바라보며 기도했습니다. 그리고 살고 있던 집을 팔아 하나님께 건축헌금으로 드렸습니다.

그러자 상황이 변하기 시작했습니다. 하나님께서 일하기 시작하셨습니다. 교회 성도가 급속도로 늘어났고 재정 형편이 좋아졌습니다. 마침내 1973년 여의도순복음교회가 완공되고 바로 이어서 지금의 '오산리 최자실 기념 금식기도원'이 완공되었습니다. 그리고 얼마 지나지 않아서 빚을 다 청산할 수 있었습니다.

하루를 살면서

자신의 꿈을 혼자만 갖고 있지 말고, 함께 공유하십시오. 여러분이 꿈꾸고 있는 하나님의 꿈이 공동체의 꿈이 된다면, 하나님의 역사를 더욱 가깝게 실현시킬 수 있습니다. 사탄은 우리가 함께 꿈과 환상을 품지 못하도록 맹렬하게 공격합니다. 그러나 삼겹줄이 하나가 되어 쉽게 끊어지지 않듯이 하나님의 꿈을 함께 품고 기도 할 때, 그때 하나님이 우리에게 꿈을 심어주시고, 열매를 맺게 해주십니다.

기도하며 P·R·A·Y

전능하신 우리 아버지 하나님!
오늘날 우리는 너무나 뿔뿔이 흩어져서 살고 있습니다.

부모는 부모대로 자식은 자식대로 남편은 남편대로 아내는 아내대로 성도는 성도대로 각자 자기 삶을 살고 있습니다. 또 예수님을 홀로 외롭게 두고 사는 삶이 너무나 많습니다. 참된 공동체 삶은 예수님과 더불어 또 공동체와 함께 참여하고 꿈을 꾸는 삶이라는 것을 알게 하옵소서.

부모와 자식도 꿈을 함께 나누고 부부간도 함께 꿈을 나누게 하옵소서. 그리하여 하나님이 주시는 꿈을 함께 먹고 누리며, 이 땅 가운데서 진정한 하나님의 나라가 이루어지게 하옵소서.

예수님 이름으로 기도드립니다. 아멘.

꿈을 심어주는
지도자가 되어라

:금

지혜 있는 자는 궁창의 빛과 같이 빛날 것이요 많은 사람을 옳은데로 돌아오게 한 자는 별과 같이 영원토록 비취리라 | 다니엘 12장 3절

오늘날 한국에 필요한 것은 꿈입니다. 특히 민족적인 꿈이 필요합니다. 그러므로 우리에게 꿈을 심어줄 수 있는 지도자가 절실히 요구됩니다. 우리 민족이 꿈을 잃어버리고 사치와 낭비만 하면 파멸당하고 맙니다. 우리 민족에게 내일을 향한 강렬한 꿈을 심어줄 수 있는 지도자가 필요합니다. 그러한 지도자와 함께하는 공동체는 동일한 꿈을 꿀 수 있습니다. 그리고 지도자가 심어주는 꿈을 통해 공동체는 새롭게 부딪히는 도전과 싸워 승리할 수 있습니다.

비전과 꿈을 향해 노력하는 지도자가 되어라

어떤 한 마을에 조그마한 한 부족을 다스리던 추장이 있었습니다. 이 추장은 나이가 많아 세상 떠날 시간이 가까워짐을 알게 되었습니다. 그리하여 마지막 유언으로 세 아들을 불렀습니다. 그리고 세 명의 아들에게 똑같은 과제를 주었습니다.

그들이 살고 있는 곳에서 그리 멀지 않은 곳에는 높은 산이 있었습니다. 추장은 아들들에게 그 산봉우리까지 올라가서 가장 인상 깊고 소중한 것 한 가지씩을 보고 오라고 지시했습니다. 세 명은 모두 다 높은 산봉우리까지 올라갔다 내려왔습니다.

얼마 후에 추장은 맏아들부터 불러 무엇을 보고 왔느냐고 물었습니다. 맏아들은 그 산봉우리에서 본 아주 진귀한 풀을 내놓았습니다. 그리고 둘째 아들을 불렀습니다. 둘째 아들은 그들이 사는 동네를 내려다본 인상을 말했습니다.

셋째 아들이 아버지 앞에 왔습니다. 그 아들은 "아버지, 저는 특별히 진귀한 것을 보지 못했습니다. 그러나 한 가지 중요한 것을 깨달았습니다. 저 산 너머에는 매우 비옥한 평야가 있습니다. 지금 우리가 살고 있는 곳은 너무 좁습니다. 우리 부족이 그 평야로 이동해야 잘 살 수 있다는 것을 깨닫게 되었습니다."라고 말했습니다. 추장은 아들들의 말을 다 들은 후에 셋째 아들을 후계자로 삼았습니다.

사람은 누구나 큰 꿈을 가져야 합니다. 믿음을 크게 가져야 합니다. 생각을 크게 가져야 합니다. 큰 마음을 가져야 합니다. 당신은 당신이 보는 것을 이룰 수 있습니다. 이것이 바로 잠재력입니다. 저는 스스로에게 자주 물어보곤 합니다. 비전이 지도자를 만드는가? 아니면 지도자가 비전을 만드는가?

저는 비전이 먼저라고 믿습니다. 저는 많은 지도자들이 비전을 잃어버렸기 때문에 리더십을 잃어버린 경우를 많이 보았습니다. 사람들은 보는 대로 행합니다. 그것이 세계에서 가장 위대한 동기 원리입니다. 스탠포드 대학의 연구에 따르면, 우리가 배우는 것의 89%는 보고 배우는 것이며, 10%는 듣고 배우는 것, 그리고 나머지 1%가 다른 감각으로 느끼고 배우는 것이라고 했습니다. 다시 말하면, 사람들의 성장은 시각적인 자극에 의존한다는 것입니다. 비전과 그 꿈을 이루기 위해 노력하는 지도자가 연합할 때 역사는 시작됩니다.

하루를 살면서 여러분은 현재 어떠한 공동체 가운데 있습니까? 조직의 리더입니까? 아니면 하나의 구성원으로서만 활동하고 있습니까? 여러분이 리더이든 구성원이든 상관없이, 여러분이 처한 위치에서 주변의 사람들에게 꿈을 심어주는 존재가 되십시오. 지혜 있는 자가 되어 궁창의 빛처럼 예수 그리스도의 희망의 빛을 비추는 존재가 되십시오. 여러분을 통하여 많은 사람들이 생명력을 얻고 소망을 쟁취하기를 소망합니다.

사랑이 많으신 우리 하나님 아버지!

기도하며 P·R·A·Y 우리들이 꿈이 없이 방황하여 죽은 나무토막처럼 물에 떠내려가는 인생들이 되지 않게 하소서!

우리가 매일 꿈을 꾸며, 그 꿈을 향해 나아갈 수 있도록 능력을 주시옵소서. 하나님의 꿈을 마음속에 받아들이면 하나님의 성령이 역사하셔서 운명과 환경을 극복하고 위대한 하나님의 뜻이 이뤄질 줄로 믿습니다.

아브라함에게 꿈을 주신 하나님, 이삭과 야곱에게 꿈을 주신 하나님, 요셉에게 꿈을 주신 하나님, 우리의 가슴속에도 그리스도 예수의 십자가를 통하여 꿈을 허락하여주옵소서.

현실이 아무리 어둡고 캄캄해도 가슴속에 억척같은 꿈을 갖고 희망의 노래를 부르는 우리들이 되게 도와주옵소서.

예수님의 이름으로 기도드립니다. 아멘.

•••••••••• 5단계 **Word**

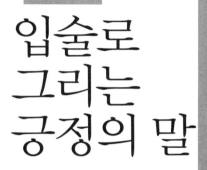

입술로
그리는
긍정의 말

월. 4차원의 언어를 선포하라

화. 상대방의 장점을 칭찬하라

수. 창조적인 언어를 구사하라

목. 진실한 사랑의 언어로 표현하라

금. 긍정적인 입술로 고백하라

입술로 그리는 긍정의 말

The Fourth Dimension Spirituality Practice

사람이 동물과 다른 점은 말할 수 있다는 것입니다. 코끼리는 힘이 얼마나 셉니까? 호랑이와 사자가 얼마나 용맹하고 빠릅니까? 그러나 말을 못하기 때문에 말하는 사람에게 지배를 당합니다. 그만큼 말에는 다스리는 권세와 창조의 능력이 있습니다.

말은 눈에 보이지 않지만 운명과 환경을 바꾸어놓는 창조적인 위대한 힘입니다. 하나님은 말씀으로 천지를 지으셨고 우리는 하나님의 형상과 모양대로 지음 받았습니다. 우리가 하나님의 형상과 모양대로 지음 받았다는 것은 다른 피조물과 달리 말을 할 수 있다는 것입니다. 그러므로 우리의 말이 우리의 운명을 창조합니다.

그러므로 능력 있는 말이 우리에게 필요합니다. 우리의 인생을 변화시킬 능력 있는 말은 성령이 함께하실 때 그리고 항상 말씀을 묵상하며 기도할 때 얻을 수 있습니다. 그리고 그것은 하나님 안에 있는 4차원적인 말입니다. 성령과 함께하는 언어생활은 창조적이고 생산적인 능력을 3차원에 나타내줍니다. 이제 다음에서 제시하는 4차원의 영적인 언어를 사용하십시오. 여러분의 인생에 놀라운 기적이 일어날 줄 믿습니다.

먼저, 4차원의 언어를 선포하십시오. 4차원의 언어는 영적인 언어로, 하늘의 언어라고 표현할 수 있습니다. 하늘의 언어를 쉽게 알기 위해서는 땅의 언어에 대해 생각할 필요가 있습니다. 이 땅의 언어에는 사랑이 없습니다. 단순히 의, 식, 주를 채우는 일에 필요한 언어에 불과합니다. 그래서 땅의 언어는 우리의 영적 필요를 채워줄 수 없습니다.

제가 말레이시아에서 성회를 인도할 때였습니다. 낮 성회를 마치고 호텔로 돌아왔을 때 어떤 여인으로부터 제게 꼭 신앙상담을 해야겠다는 전화가 걸려왔습니다. 그녀는 서른한 살의 중국계 말레이시아 여성으로서 자신의 깊은 마음의 상처를 털어놓으면서 하나님의 도우심을 구했습니다.

학창 시절 그녀는 좋은 남자를 만나 결혼을 했습니다. 그러나 얼마 있지 않아 그 남자로부터 버림을 받게 되었습니다. 그 남자는 단순한 인간적인 욕구만 추구하며 땅의 언어로 그녀를 가두었습니다. "이 여자가 왜 이렇게 살림을 못해! 할 줄 아는 게 하나도 없잖아. 내가 처음 생각한 것과 완전히 달라! 너는 사랑받을 존재가 아니야!"라고 말하며 그녀를 억눌렀습니다. 남자의 저주는 그녀를 지배하기 시작했습니다.

그 후에도 그 남자의 땅의 언어는 그녀의 마음속에서 사라지지 않았고, 그녀 스스로도 그 언어의 지배 속에 들어가 살게 되었습니다. 그리하여 두 번째도, 세 번째도, 네 번째 결혼에서도 그녀는 실패했습니다. 그리고 오스트레일리아에 가서 백인 남자를 만나며 그로부터 진실한 사랑을 받기를 사모했습니다. 그러나 그 남자는 다른 여자를 데리고 와서는 "밥해서 대접하라."고 강요했습니다. 그녀는 마음에 큰 실연을 당했습니다. 하지만 그녀는 눈물을 흘리면서도 꾹 참고 그 남자의 명령에 순종했습니다. 그렇게 얼마 동안 자기를 이용할 대로 이용한 뒤 그 남자 역시 자기를 버리고 홍콩으로 떠났습니다.

모든 것이 허무하게 느껴진 그녀는 열차가 최고의 속도를 낼 때 뛰어내리려고 했습니다. 그때 그녀의 마음속에 하나님의 음성이 들려 왔습니다. "네가 지금까지 사랑을 찾아 헤매었지만 진실한 사랑을 찾지 못하였구나. 그렇다면 죽기 전에 예수를 믿어보지 않겠느냐?" 그리하여 말레이시아로 돌아온 그녀는 성회의 소식을 듣고 저를 찾아오게 되었습니다.

저는 그녀에게 예수 그리스도의 사랑에 대하여 전도했으며 그녀는 입술로 그 사랑을 고백하게 되었습니다. 4차원의 언어인 천국의 언어를 선포하게 된 것입니다. 성회 마지막에 참석한 그녀는 저의 기도를 받고 나서 큰 심호흡을 한 뒤 이렇게 말했습니다.

"지금까지 제가 무엇인지 모르면서 간절하게 찾던 것이 갑자기 가슴에 와 안기는 기분을 느낍니다. 응어리져 가슴을 막고 있던 문제가 해결되었습니다. 우리 주님은 저를 사랑하십니다. 이제 목숨을 바쳐 주님을 섬기렵니다."

4차원의 언어를 사용하는 사람은 사람들의 단점을 지적하여 낙심하게 만들지 않습니다. 오히려 상대방의 장점을 칭찬합니다. 상대의 장점을 적극적으로 찾아 칭찬하려고 노력하는 것이 4차원의 영적 언어의 두 번째 단계입니다. 저는 목회자이기 이전에 남편으로서 아내에게 칭찬을 듣고 싶어 합니다. 어느 남편이나 마찬가지이듯이 저 또한 아내가 해주는 칭찬을 좋아합니다. 그런데 대부분의 목회자 사모님들이 남편을 칭찬하는 데 인색합니다. 제 아내도 그랬습니다. 결혼한 뒤 10년이 지나도록 아내는 저의 설교에 대해 아무런 칭찬도 해주지 않았습니다.

그래서 "여보, 나 지금 마음이 너무 허전하고 비어 있는 것 같아요. 당신이 나의 설교를 칭찬해주었으면 좋겠어요. 나 칭찬 좀 해줘요. 도대체 당신은 왜 나를 칭찬해주지 않는 거요?"라고 물었습니다.

그러면 아내는 의아해하며 "뭐라고요? 예배를 마치고 나면 많은 사람들이 당신에게 '오늘 은혜 많이 받았습니다.'라고 칭찬해주잖아요. 나까지 당신의 설교를 칭찬해주면, 당신은 분명히 사탄의 꼬임에 넘어가 교만하게 될지도 몰라요. 사탄이 교만함 때문에 타락했다는 것을 알고는 있겠지요? 당신이 칭찬을 받고 싶어 한다는 것은 지금 위험하다는 신호예요. 교만하지 않도록 조심해요."라고 말했습니다.

그러면 나는 아내에게 항변합니다. "아니요. 칭찬은 내 마음속에 영양제를 주는 것과 같소. 마음이 지치고 허전할 때 마음에 영양제를 줘야 다시 활력을 얻고 힘을 낼 수 있는 거요. 나에게 있어 영양제는 바로 당신이 나에게 해주는 칭찬의 말이요."

그러자 아내가 말했습니다. "좋아요. 그럼 지금부터 당신을 칭찬하지요." 그러고는 농담 반 진담 반으로 저의 설교를 칭찬하면서 제설교에서 자신이 얼마나 많은 은혜를 받았는지 말해주었습니다. 물론제가 먼저 아내에게 칭찬해달라고 부탁을 하고 나서 받은 억지 칭찬이지만, 그래도 아내에게 칭찬을 받는 것이 저는 몹시 즐거웠습니다. 이렇게 칭찬을 받고 나면 새로운 힘을 얻고 다시 힘차게 다음 설교를 준비할 수 있었습니다.

다음으로 4차원의 언어를 사용하는 사람은 창조적인 언어를 구사합니다. 이 땅에 사는 우리는 한정적으로 생각하고 판단하는 데 익숙해져 있습니다. 자기 틀 안에서 모든 것을 판단하고 결정을 내려버립니다. 그 이유는 4차원의 세계를 바라보지 못하고 이 땅에 속해 있다고 생각하기 때문에 이 땅의 언어가 가리키는 틀 안에 갇히게 되는 것입니다. 그래서 적극적이고 진취적인, 그리고 창조적인 언어를 구사할 수 없습니다.

무엇이 창조적인 언어입니까? 창조란 무에서 유를 만드는 작업입니다. 이것은 오직 하나님만이 능히 가능케 하시는 일입니다. 그런데우리는 하나님의 자녀이기 때문에 이러한 하나님의 역사에 동참할 수있습니다. 하나님의 말씀을 마음에 품은 우리는 없는 데서 있는 것을 가능하게 하는 창조적인 언어를 선포할 수 있습니다.

저는 성도 한 분으로부터 천사에 관한 신비한 이야기를 들었습니다. 하루는 그가 자동차를 타고 기찻길 건널목을 건너는데 그만 건널목 한가운데에서 자동차 엔진이 꺼져버렸습니다. 그런데 그때 마침 건널목 쪽으로 기차가 다가오고 있었습니다. 온몸이 굳어버린 그는 차 안에서 아무 조치도 취할 수 없었습니다. 그는 순간적으로 "아이고, 하나님이여! 나를 살려주세요."라고 입으로 고백하며 기도했습니다. 그런데 눈 깜짝할 사이에 누군가가 자기 자동차를 건널목 밖으로 밀어놓은 것이었습니다. 기차가 빠른 속도로 건널목을 통과하고 나서 뒤를 돌아보니까 덩치가 큰 장정 한 사람이 씩 웃으면서 손을 흔들고 있었습니다. 그래서 고마운 마음으로 인사하려고 차에서 내리는 순간 그 장정은 순식간에 사라져버렸다는 이야기를 들었습니다.

이 성도님을 도운 장정이 누구입니까? 바로 천사입니다. 그러므로 없는 것도 가능하게 하시는 하나님, 앞길이 보이지 않고, 불가능할 것 같은 상황에서도 가능케 하시는 하나님을 향해 창조적인 입술의 고백이 우리에게 필요합니다.

하지만 진실한 사랑의 언어가 없이는 창조적인 입술의 고백은 헛수고일 뿐입니다. 수많은 그리스도인들이 이 땅에 존재하지만 세상을 변화시키지 못하는 이유가 있습니다. 그 이유는 '진실됨'이 없기 때문입니다. 그러므로 네 번째 단계는 진실한 사랑의 언어로 표현하는 것입니다. 하나님께서는 성경에 '내가 사람의 방언과 천사의 말을 할지라도 사랑이 없으면 소리 나는 구리와 울리는 꽹과리가 되고'(고전 13:1)라고 단호하게 말씀하고 있습니다.

저는 앞에서 예로 든 그 말레이시아 여인의 탄식 속에서 진실한 사랑의 가치를 깊이 느꼈습니다.

그녀는 "목사님 저는 남편을 다섯 번이나 바꾸었습니다. 저와 같은 사람도 구원받을 수 있습니까?"라고 물었습니다. 저는 그녀에게 "다섯 번이 아니라 몇 번을 바꾸었을지라도 이젠 돌이킬 수 없는 일이니 탄식하지 말고 예수님을 당신의 구세주로 영접하고 새 사람이 되십시오."라고 대답해주었습니다. 결국에 그녀는 진실한 사랑의 가치를 깨닫고 저에게 이렇게 말했습니다.

"목사님, 인간생활에서 종국적으로 가장 귀한 것은 사랑입니다. 사랑이 없는 삶은 그것이 아무리 부유하고 아름다울지라도 아무런 의미가 없습니다. 제가 깨달은 것은 사랑 이외에는 인간에게 가치 있는 것은 아무것도 없다는 사실입니다."

마지막으로 4차원의 언어를 선포하는 사람은 긍정적인 입술로 고백해야 합니다. 우리 교회에 출석하는 한 집사님의 간증입니다. 어느 날 갑자기 그 집사님의 부친에게서 치매 증세가 나타났습니다. 점점 증세가 심해지더니 나중에는 대소변도 못 가리고 아들 부부도 몰라봤습니다. 집사님은 교구 식구들에게 기도를 요청하고 건강한 아버지의 모습을 마음속에 그렸습니다. 그리고 "그가 채찍에 맞음으로 우리가 나음을 입었도다."(사 53:5)라는 말씀을 의지하면서 항상 입으로 선포했습니다.

포기하지 않고 희망을 갖는 집사님에게 의사는 "그런 소리 하지 마십시오. 당신 아버지는 뇌세포의 반이 죽었습니다. 절대로 회복될 수 없습니다."라고 말했습니다.

하지만 집사님은 믿음을 버리지 않고 이렇게 고백했습니다. "저는 모릅니다. 뇌세포가 반이 죽었는지 어땠는지 저는 그런 거 모릅니다. 다만 말씀에 주님이 채찍에 맞음으로 나음을 입었다고 하셨으니까 저는 우리 아버지가 나은 줄로 믿습니다."

여섯 달이 지날 때까지 아무 증거가 안 보였지만 집사님은 포기하지 않았습니다. 그런데 신기한 것은 그 집사님의 아버지는 치매에 걸린 다음에도 성경을 읽고 주기도문을 줄줄 외웠다는 것입니다. 결국 그 분은 완전히 회복되어 온 식구를 알아보더니 최근에는 노인정에 다니며 즐겁게 여생을 보내고 있습니다. 집사님이 끝까지 입으로 말씀을 고백하고 믿음을 지키자 사람의 눈으로 보면 절망이요 죽음인데도 불구하고 죽어 있던 뇌세포가 다시 살아난 것입니다.

하나님의 4차원 요소 중에서 현실에 가장 가까운 것이 말입니다. 그러므로 위 다섯 가지 과정을 여러분이 실생활에 적용하여 4차원의 세계를 체험하십시오. 하나님이 우리의 입을 통하여 말하게 하고, 그 입술의 고백이 우리의 현실을 변화시킨다는 확신을 가지십시오. 여러분의 입술의 고백을 하늘에 계신 하나님께서 들으시고, 여러분의 삶 가운데 놀라운 기적을 보여주실 줄 믿습니다.

4차원의 언어를 선포하라

: 월

내가 진실로 너희에게 이르노니 누구든지 이 산더러 들리어 바다에 던지우라 하며 그 말하는 것이 이룰 줄 믿고 마음에 의심치 아니하면 그대로 되리라 | 마가복음 11장 23절

4차원의 언어는 생각, 믿음, 꿈을 마음에 품고 선포하는 언어입니다. 그렇기 때문에 성령님이 지배하는 언어입니다. 그러므로 4차원의 언어는 말에 힘이 있고 권세가 있는 언어입니다. 반면에 땅의 언어는 이 땅의 지식에 기초하여 불가능한 것을 쉽게 이야기합니다. 우리 그리스도인은 하늘의 언어인 4차원의 언어를 선포할 수 있는 자들입니다. 그러므로 땅의 언어에서 벗어나 힘 있고 권세 있는 4차원의 언어를 사용할 수 있어야 합니다.

말하는 것이 이뤄질 줄 믿고 선포하라

우리가 입으로 하는 말에는 놀라운 힘이 있습니다. 예수님께서는 죄를 사하실 때 말씀으로 하셨습니다. 병자를 고치실 때에도 말씀으로 하셨습니다. 귀신을 쫓아내실 때에도 말씀으로 하셨습니다. 열매를 맺지 못한 무화과나무도 예수님의 말씀에 의해 그날로 말라버리고 말았습니다.

세상 속담 중에 '말이 씨가 된다.' 라는 말이 있습니다. 이처럼 일반 사람들이 하는 말도 힘을 가지고 그대로 성취됩니다. 그런데 하물며 예수님을 믿고 거듭나 우주를 주관하시는 하나님의 자녀가 된 우리의 말이 지닌 능력은 어떠하겠습니까? 그러한 우리가 함부로 말을 하면 그 말이 그대로 실현되는 무서운 결과를 가져오지 않겠습니까?

옛날 제가 신학교에 다닐 때였습니다. 최자실 목사님께서 떠나신다고 하기에 가시지 말라고 했습니다. 그런데도 가시겠다고 해서 "아마 가다가 차에 치이실 겁니다."라고 말했습니다. 물론 우발적으로 나온 말이었습니다. 그런데 최자실 목사님이 떠난 뒤, 얼마 있지 아니하여 적십자병원에서 전화가 걸려왔습니다. 정말로 차 사고가 나서 병원에 입원하셨던 것입니다.

우리의 말이 긍정적으로 선포되면 하나님께서 역사하시고 이뤄주시지만, 우리가 부정적인 말을 하게 되면 사탄이 지휘봉을 잡고 말한 대로 실현되게 하는 것입니다. 4차원의 능력을 지닌 우리가 부정적인 말을 하게 되는 순간 사탄이 "이때다."라고 말하며 달려들고 있다는 것을 명심해야 합니다.

요즈음 제가 강단에서 믿음으로 하는 말 한마디 한마디가 많은 병자들에게 생명을 전해주고 있습니다. 어떤 성도님은 남편도 당뇨병, 맏아들도 당뇨병, 둘째 아들도 당뇨병인데 모두 다 나았다고 울면서 간증하였습니다.

예수님을 믿는 성도들이 하는 말에는 성령께서 4차원의 능력을 부어주시기 때문에 놀라운 결과를 나타내곤 합니다. 스스로 시인한 말을 자기 귀로 들을 때 그 말이 마음속에 믿음으로 자리 잡고, 그 믿음이 커나가면서 그 믿음이 실현되어 자기 발전이 이뤄지게 됩니다. 담대한 믿음으로 "나의 목표는 이루어지고 있다. 내가 꿈꾸는 영롱한 꿈은 하나님의 레에마를 받아 이제 성공의 열매를 맺고 있다."라고 긍정하는 말을 하면 실제로 성공의 열매를 맺을 수 있습니다.

심리학자들은 이런 행동을 가리켜 '잠재의식을 발전시킨다.' 라고 말합니다. 잠재의식은 마음속에 숨어 있는 의식입니다. 현재의식을 통한 시인(是認)은 잠재의식 속에 강력한 믿음의 암시를 전달하여 줍니다. 바울은 잠재의식을 '속' 사람이라 하고 현재의식을 '겉' 사람이라고 하였으며, 베드로는 잠재의식을 '마음에 숨은 사람' 이라고 하였습니다.

오늘날 신경외과 의사들은 인간의 언어중추신경이 모든 신경을 지배한다고 말하고 있습니다. 야고보서 3장 4절부터 5절을 보면 혀는 작은 지체이지만 큰 것을 자랑하여 인간을 다스린다고 가르쳐주고 있습니다. 그러므로 우리가 삶을 성공으로 이끌기 위해서는 4차원의 언어를 사용해야 합니다.

여러분은 평상시 어떠한 언어를 사용하고 있습니까? 절망과 불안 속에 자신을 집어넣어 고통을 주는 언어를 사용하고 있지는 않습니까? 땅의 언어는 사용하면 할수록 여러분의 삶을 사망의 골짜기로 인도합니다. 이제 하늘의 언어인 4차원의 언어를 사용하십시오. 꿈과 비전을 주는 언어. 소망을 갖고 힘차게 내일을 준비하게끔 하는 4차원의 언어를 사용하십시오. 과거와 현재와 미래를 주관하시는 하나님께서 여러분의 삶을 4차원의 언어를 통해 회복시켜주실 줄 믿습니다.

전능하신 하나님!

우리 주님을 믿는 사람들은 어떠한 환경에도 그 환경을 아름답게 변화시킬 수 있는 언어를 선포할 수 있음을 믿습니다. 아버지 하나님! 우리의 입이 땅의 언어가 아니라 하늘의 언어를 선포하게 하옵소서.

아버지 우리가 알고 믿은 바를 굳게 붙잡고 선포하게 하옵소서. 이 눈엔 아무 증거 안 보이고, 귀에는 아무 소리 안 들리고, 손에는 잡히는 것 없어도 강하고 담대하게 입으로 시인하고 나가게 하옵소서. 무엇이든지 땅에서 매면 하늘에서 매어지고 땅에서 풀면 하늘에서도 풀어진다는 것을 깨닫고 입으로 선포하게 하옵소서.

예수님의 이름으로 기도드립니다. 아멘.

火
: 화

상대방의 장점을 칭찬하라

종말로 형제들아 무엇에든지 참되며 무엇에든지 경건하며 무엇에든지
옳으며 무엇에든지 정결하며 무엇에든지 사랑할만하며 무엇에든지 칭찬
할만하며 무슨 덕이 있든지 무슨 기림이 있든지 이것들을 생각하라.

| 빌립보서 4장 8절

상대방의 실수를 보는 것과 장점을 보는 것 중에 어느 것이 더 쉬
울까요? 당연히 실수를 찾아내는 것이 더 쉽습니다. 상대방의 실수는
별달리 주의를 기울이지 않아도 금방 보이곤 합니다. 하지만 장점은
그 사람에게 주의를 기울이고 관심을 갖고 신경을 써야 발견할 수 있
습니다. 우리의 입에서 나오는 언어를 통해 상대방의 장점을 칭찬하
게 된다면, 상대방은 우리가 거는 칭찬의 마술에 걸릴 수밖에 없습니
다. 그 사람은 우리가 하는 칭찬을 통해 자신의 장점을 더욱 크게 자
각하게 되고, 앞으로도 장점을 살려나가는 인생을 살게 될 것이기 때
문입니다.

칭찬은 고래도 춤추게 한다

『칭찬은 고래도 춤추게 한다』라는 책을 보면 우리의 언어가 어떻게 상대방에게 긍정적인 영향을 미칠 수 있는지에 대한 방법을 제시하고 있습니다.

이 책의 주인공 웨스 킹슬리는 한 회사의 중역이며 한 집안의 가장입니다. 그는 우연히 플로리다 주의 해상 동물원에서 범고래들의 멋진 쇼를 보고 범고래에게 열광하는 팬이 되었습니다.

그런데 한편으로는 어떻게 바다의 포식자로 알려진 사나운 범고래들이 저토록 즐거운 모습으로 멋지게 묘기를 펼칠 수 있을까라는 생각이 들었습니다. '1톤이나 나가는 범고래가 3미터 이상까지 점프하며 즐겁게 묘기를 부리는 것이 어떻게 가능해졌을까?'

그리하여 웨스는 범고래 조련사인 데이브 야들리를 통해 그 비결을 듣게 되었습니다. 그 비법은 바로 상호간의 신뢰관계를 바탕으로 한 '칭찬'이었습니다.

범고래가 많은 기술을 습득하기까지는 사육사와 고래 사이에 친밀한 교감과 신뢰가 있어야 합니다. 범고래를 처음 데리고 오면 몇 달 동안은 훈련을 하지 않고 사육사와 같이 지낸다고 합니다. 그렇게 함께 먹고 장난치면서 신뢰감을 조성합니다.

서로가 신뢰하고 있다는 확신이 생기면 그때부터 기술을 가르칩니다. 기술을 가르칠 때에는 꾸짖고 호통을 치는 것이 아니라 같이 즐기면서, 놀면서 가르칩니다. 그런데 여기서 중요한 점은 긍정적인 측면을 보고 칭찬하는 것입니다. 고래가 훈련에 잘 따르고 긍정적인 행동을 했을 때 먹이를 주고 쓰다듬어주면 고래는 더욱더 그러한 행동을 하게 됩니다. 부정적인 행동을 했을 때, 질책을 하기보다는 긍정적인 행동을 했을 때 그것이 바람직한 행동임을 확실하게 각인시켜주는 것입니다.

마찬가지로 잘하는 아이에게 '잘한다. 잘하고 있어!' 라고 격려해주면 아이는 더욱더 잘하게 됩니다. 반대로 부정적인 행동을 했을 때는 그것을 드러나게 하고 꾸짖기보다는 부정적인 것에 쏠려 있는 에너지를 긍정적인 쪽으로 돌려주는 처방이 필요한 것입니다.

또한 사육사들은 고래의 컨디션에 따라 기분 나쁜 날이 있다면 훈련을 하지 않습니다. 컨디션이 좋지 않은 날에 훈련을 하는 것은 고래에게 훈련은 피곤하고 힘들다는 부정적인 인식을 심어줄 수 있습니다. 이런 때에는 잠시 시간을 주어서 휴식하며 생각할 수 있는 시간을 주는 것도 좋은 방법입니다.

그런데 이 책에서도 지적했듯이 우리가 업무를 누군가에게 맡기면서 흔히 저지르는 실수가 있습니다. 바로 상대방으로 하여금 뒤통수를 맞았다는 느낌을 받게 하는 행동들입니다. 결과가 좋으면 아무런 칭찬의 소리도 하지 않다가 결과가 좋지 않거나 조그마한 실수라도 있으면 꼭 지적을 하고 꾸중하기 때문입니다.

하지만 우리는 '고래반응' 을 알고 실천해야 합니다. 책의 내용 가운데 웨스 킹슬리가 딸아이에게 처음으로 걸음마를 가르치던 때를 상기하는 내용이 있습니다. 당시 웨스와 그의 아내는 아이가 일어설 때마다 웃으면서 박수를 쳐주고 칭찬과 격려를 아끼지 않았습니다. 자연스레 아이는 걸음마에 재미를 붙이고 더욱 열심히 걸음마를 연습하게 되었습니다. 이와 같이 과정을 칭찬하여 생기는 반응을 저자는 '고래반응' 이라 일컫습니다.

고래반응을 일으키는 언어는 별다른 것이 아닙니다. 상대방의 장점을 칭찬하는 언어, 그러한 언어가 곧 고래반응을 나타나게 합니다. 이제부터 우리는 기회가 있을 때마다 언제든지 우리 주변 사람들의 장점을 칭찬함으로써 우리 주위 환경과 인간관계를 날마다 새롭게 변화시켜야 합니다.

하루를 살면서

여러분은 하루에 단 한 번이라도 누군가를 칭찬하고 있습니까? 여러분이 할 수만 있다면 지금 당장 여러분 주위 사람의 장점을 칭찬하십시오. 그렇게 그 사람을 격려하고 칭찬할 때 실제로 상대방의 태도는 변화하게 됩니다. 그리하여 칭찬을 받은 사람이 다른 사람을 칭찬하고, 그 칭찬이 꼬리에 꼬리를 무는 세상을 상상해보십시오. 칭찬하는 여러분에 의해 세상이 하나님의 나라로 변화되고, 그러한 현실을 여러분의 눈을 통해 만끽할 수 있을 것입니다.

살아 계신 하나님!

우리는 아무런 죄책감 없이 이 땅에서 상대방의 단점을 보며 파괴하는 생활을 일삼았습니다. 오늘 이 시간부터는 하나님께서 주시는 사랑을 가지고 우리의 이웃을 칭찬하게 하옵소서. 또한 우리는 하나님의 자녀이므로 하나님 안에서 마땅히 칭찬을 받을 자격이 있음을 기억하게 하옵소서. 그렇게 자기 스스로를 칭찬하고 격려하는 삶 속에서 하나님께 영광 돌리길 바랍니다. 이렇게 한 사람, 한 사람이 변화하여 세상이 주님이 원하시는 하나님의 나라로 변화되게 하옵소서.

예수님의 이름으로 기도드립니다. 아멘.

水 창조적인 언어를
구사하라
: 수

네 입의 말로 네가 얽혔으며 네 입의 말로 인하여 잡히게 되었느니라

| 잠언 6장 2절

무에서 유를 창조하시는 하나님의 역사는 창조적인 언어를 통해서도 발견할 수 있습니다. 하나님의 창조적인 언어는 무에서 유를 나타나게 하는 강력한 힘을 지니고 있습니다. 우리는 하나님의 자녀이기 때문에 이러한 하나님의 역사에 동참할 수 있습니다. 하나님의 말씀을 마음에 품은 우리는 없는 데서 있는 것을 가능하게 하는 창조적인 언어를 선포할 수 있다는 것을 알아야 합니다. 이것을 알고 삶 속에서 감동과 기쁨, 그리고 성공을 불러오는 창조적인 언어를 실천할 수 있어야 합니다.

당신의 말 한마디가 세상을 변화시킨다

어느 날 미국의 유명한 적극적 사고 훈련가인 지그 지글러 박사

가 뉴욕의 지하도를 건너려고 막 내려가는데 계단 한쪽에서 거지가 연필을 팔고 있었습니다. 지글러 박사도 다른 사람들처럼 돈만 1달러 주고 연필을 받지 않고 가다가 다시 되돌아와서 거지에게 말했습니다.

"아까 드린 1달러 대가로 연필을 주세요."

거지는 하는 수 없이 연필을 주었습니다. 연필을 받으며 박사는 이렇게 말했습니다.

"당신 직업도 나와 같은 사업가요. 당신은 더 이상 거지가 아닙니다."

이 거지의 인생은 지글러 박사의 이 말 한마디로 달라졌습니다. 박사는 그 사람에게 길거리에서 1달러를 거저 받는 거지가 아닌 1달러에 연필을 한 자루씩 파는 당당한 사업가라고 말해준 것입니다. 박사의 말 한마디는 그 사람의 마음속에 큰 변화를 일으켰고 그 사람은 훗날 큰 사업가가 되었습니다.

그는 지글러 박사의 말 한마디를 통해 자기의 자화상을 바꿀 수 있었습니다. 사업가라는 용기가 생겼습니다. 그는 그날 집으로 돌아가면서도 중얼거렸습니다.

"나는 거지가 아니라 사업가다. 나는 사업가다. 연필을 파는 사업가다."

그의 꿈이 달라지고, 자화상도 달라지고, 믿음도 달라지자 그는 큰 사업가가 될 수 있었습니다. 그리고 후에 지그 지글러 박사를 찾아왔습니다.

　"당신의 말 한마디가 나를 변화시켰습니다. 다른 사람은 연필을 주든 말든 그저 돈 1달러만 건네주고 가기 때문에 나는 그게 나의 전부인 줄 알았습니다. 그래서 '나는 늘 거지구나.' 라는 생각을 가지고 있었는데 당신은 연필을 받아가면서 '당신도 나와 똑같은 사업가' 라고 말해주었습니다. 그 한마디의 말이 내 인생을 이렇게 바꾸어놓았습니다."

　이처럼 입술에서 나오는 창조적인 언어는 우리의 인생을 변화시킵니다.

의인은 어떠한 사람입니까? 의인은 신중히 생각하여 경우에 합당한 말, 지혜롭고 유익한 말, 사람을 살리는 말을 하는 사람입니다. 따라서 의인의 혀는 순수하게 제련되어 불순물이 전혀 섞이지 않은 최상품의 순은만큼의 가치가 있는 것입니다. 그 입술에서는 듣는 이를 생명의 길로 가도록 깨우쳐주는 생명의 말이 나와야 합니다. 말은 결과를 낳기 때문입니다. 여러분은 의인입니다. 여러분의 입술을 통하여 사람을 살리는 창조적인 언어가 선포되기를 소원합니다.

전능하신 아버지 하나님!

무에서 유를 창조하시고, 기적을 일으키시는 하나님께 전적으로 의지합니다. 우리의 입술을 통해 창조적인 언어를 선포하게 하옵소서! 낙심된 자가 변화되어 새 생명을 얻을 수 있는 기적의 언어를 선포하게 하옵소서! 믿음의 주요, 온전케 하시는 예수님을 바라보며, 창조적인 언어를 통해 세상의 부정적인 것들을 변화시킬 수 있도록 하여주옵소서.

예수님의 이름으로 기도드립니다. 아멘.

木 진실한 사랑의 언어로 표현하라

: 목

사랑하는 자들아 하나님이 이같이 우리를 사랑하셨은즉 우리도 서로 사랑하는 것이 마땅하도다 | 요한일서 4장 11절

우리는 사랑을 표현할 때, 진실하게 표현하는 습관이 필요합니다. 그저 형식적으로 사랑을 표현하는 방식으로는 상대방의 마음을 감동시킬 수 없습니다. 하나님은 우리에게 진실한 사랑의 언어로 그 사랑을 표현하셨습니다. 그래서 자신의 친아들인 예수 그리스도를 이 땅에 보내셨습니다. 예수 그리스도를 '나의 주'로 받아들인 우리는 사랑의 언어를 사용해야만 하고, 사랑할 수밖에 없습니다. 왜냐하면 예수 그리스도가 나의 주님이 되어 나로 하여금 사랑을 선포하게 만들기 때문입니다.

다섯 가지 사랑의 언어

미국의 억만장자 하워드 휴즈는 말년에 병균을 두려워하여 닭고

기와 주스만 먹었습니다. 또한 이발사를 두려워하여 머리는 엉덩이까지 내려뜨리고 손톱은 길어 매의 발톱처럼 된 채로 살았습니다. 그러다 결국 영양실조에 걸리고 정신적으로 피폐하여 미쳐 죽었습니다. 그가 죽었을 때에는 곁에 와서 울어주는 아내나 자녀 한 사람도 없었습니다. 그의 죽음을 애석해하는 사람은 없고, 모두 그의 유산을 빼앗으려고 법정에서 불꽃 튀는 싸움을 하고 있었습니다.

하워드 휴즈! 그는 미남이요, 억만장자요, 신념이 있는 사람이었습니다. 그러나 그는 하나님도 사랑하지 않고 이웃도 사랑하지 않았던 것입니다. 수많은 여성을 편력했지만 아무에게도 진실한 사랑을 주지 못했습니다. 성공 그 자체가 궁극적으로 사랑을 성취하는 데 목적을 두고 있지 않으면 아무런 의미를 갖지 못합니다. 그는 성공은 했을지 몰라도 진실한 사랑을 하지 못했기에 정신적으로 외롭고 황폐한 삶을 살았습니다.

이러한 사람에게는 진실한 사랑의 언어가 절실히 필요합니다. 한 사람의 생명을 살리는 것은 사랑의 언어에 달려 있습니다. 그렇다면 어떠한 언어가 사랑의 언어일까요? 두 가정이 있었습니다. 한 가정의 남편은 설거지와 청소를 하며, 휴일에는 발코니와 창문을 닦는 등 아내를 열심히 도왔습니다. 그러나 갈등이 생겼을 때에는 아내에게 "당신이 한 게 뭐야?"라는 말로 아내의 마음을 아프게 했습니다. 반면 다른 가정의 남편은 그다지 가사일을 도와주지 않습니다. 대신에 시시때때로 "당신 최고야." "당신, 참 수고했어, 고마워." "당신 결혼 전보다 예뻐진 걸 보니 정말 시집 잘 온 모양이야."라고 말해주었습니다. 그리하여 아내는 행복을 느꼈고, 남편이 가사일을 안 도와주어도 별 불만이 없었습니다. 이처럼 행동으로 사랑을 실천하는 것에 앞서 사랑의 언어를 사용하는 것은 더 큰 효과를 나타내곤 합니다. 따라서 우리는 항상 서로 사랑의 언어를 주고받음으로써 진실한 사랑의 마음을 나눠야 합니다.

사랑에는 다섯 가지 언어가 있다고 합니다. 첫째는 따뜻한 포옹, 쓰다듬기 등의 신체적 접촉입니다. 둘째는 상대를 위해 서비스를 해주는 것입니다. 셋째는 격려나 칭찬 등의 언어적 표현입니다. 넷째는 선물을 주는 것입니다. 다섯째는 함께 보내는 질적인 시간입니다. 그런데 우리는 각자 사랑의 표현이라고 생각하는 것의 우선순위가 다릅니다.

위의 첫 번째 가정의 남편은 서비스가 사랑이라고 생각하여 열심히 일은 하였지만, 아내에게 사랑의 언어를 제대로 해주지 않았습니다. 반면 아내는 서비스보다는 언어적 표현을 사랑이라고 생각하였기 때문에 남편이 상처 주는 말에 항상 불만이 많을 수밖에 없었습니다. 한편 두 번째 가정의 남편은 아내가 서비스보다는 언어적 표현의 사랑에 더 만족감을 느낀다는 것을 알고 그렇게 해주었습니다. 때문에 그 가정은 서로 만족하며 평안할 수 있었습니다. 이렇듯 부부 사이에, 혹은 다른 인간관계에서도 상대가 사랑의 다섯 가지 언어 중 어느 것을 중요하게 생각하는가를 알아내어 상대방이 원하는 것을 해주려는 노력이 필요합니다.

오늘 저녁, 시간을 내어 서로의 사랑의 언어를 확인해봅시다. 나는 어떤지 생각해보고, 또한 배우자는 어떤 것에 우선순위를 두고 있는지 이야기를 나눠본다면, 그 자체가 아주 훌륭한 대화의 시간이 될 것입니다.

하루를 살면서

말 한마디가 심지어는 우리가 흔히 먹는 물에도 영향을 준다고 합니다. 일본의 파동학자인 에모도 마사로는 『물은 답을 알고 있다』라는 그의 책에서 물도 사랑에 반응한다는 것을 보여주었습니다. 우리가 물을 향해 심한 모욕의 말을 하면 물의 결정체가 흉하게 깨져 그 모양이 형편없이 변합니다. 그러나 '너를 사랑해!' 라고 물을 향해 말하면 물의 분자가 가장 아름다운 결정체로 변한다고 합니다. 사랑의 주파수가 물분자에 영향을 미치듯, 인간에게도 사랑의 언어를 표현해야합니다. 사랑의 언어로 말할 때 여러분의 벗과 이웃의 삶이 달라집니다.

기도하며 P·R·A·Y

사랑이 많으신 하나님 아버지!
하나님이 우리를 사랑하신 것같이 우리도 우리의 이웃을 사랑하게 하옵소서. 우리가 서로 사랑하며 사랑의 말을 나누는 것이 우리의 생명과 건강을 훨씬 더 좋게 만들어준다는 점을 깨닫게 하옵소서. 그리하여 사랑과 축복이 담긴 말을 선포하여 사람을 변화시키고 환경을 복되게 하옵소서. 나아가 어떠한 형편에 처하든지 저주의 말이 아니라 사랑의 언어를 선포하게 하옵소서.

예수님의 이름으로 기도드립니다. 아멘.

긍정적인
입술로 고백하라

예수께서 이르시되 할 수 있거든이 무슨 말이냐 믿는 자에게는 능치 못
할 일이 없느니라 하시니 | 마가복음 9장 23절

: 금

우리는 흔히 "어려워 죽겠다, 힘들어 못 살겠다, 도저히 다시 일
어설 힘이 없다."라는 말을 많이 합니다. 또한 주위에서 그러한 소리
가 많이 들려오기도 합니다. 그런데 이러한 부정적인 말들은 자신을
더욱 얽매곤 합니다. 이렇게 '할 수 없다' 병에 걸린 사람은 창조적인
역사를 체험할 수 없습니다. 세상을 움직이는 비결은 믿음을 갖고 선
포하는 데 있습니다. '나는 할 수 있다!' 라고 말하는 것이 바로 긍정
적인 입술의 고백입니다.

긍정의 입술이 운명을 변화시킨다

어느 날 식도암에 걸려 죽어가던 한 여인이 저를 만나러 왔습니
다. 음식을 먹지 못해서 앙상하게 뼈만 남은 상태였습니다. 그녀는 쉰

목소리로 간신히 저를 불렀습니다. "목사님" 그러고는 더 이상 말을 하지 못했습니다.

그 후 그녀는 계속해서 저를 찾아와서 기도를 받았습니다. 그러나 병세는 좋아지지 않았습니다. 그녀는 매번 저에게 "목사님, 너무 고통스러워요."라고 말했습니다. 저는 이 자매님에게 용기를 주기 원했습니다. "하나님을 믿으십시오. 하나님은 자매님의 병을 고쳐주시기 원하십니다. 그러나 자매님이 믿음의 반석 위에 서야만 기적을 체험할 수 있습니다. 의심하지 말고 굳세게 믿으십시오." 그러나 그녀는 쉰 목소리로 "어떻게 믿을 수가 있겠어요… 이렇게 아픈데… 매순간… 믿기가… 어려워요…."라고 힘겹게 말했습니다.

그 얘기를 듣는 순간 저는 그녀가 하나님의 치유하심을 받지 못할 것이라는 생각이 들었습니다. 그녀는 이미 자신이 낫지 못할 거라는 생각에 빠져 있었기 때문입니다. 그러나 그녀의 고통스러워하는 모습을 보니 마음이 너무 아팠습니다. 도저히 그대로 포기할 수가 없었습니다. 그래서 저는 어떻게 해야 하는지 하나님께 물었습니다. 그러자 하나님이 저에게 좋은 생각을 주셨습니다. 저는 그녀를 불러서 말했습니다. "자매님, 노트와 연필을 가지고 오세요." 그녀는 노트와 연필을 가지고 왔습니다. "이걸 들고 기도원으로 올라가세요. 그리고 기도굴로 들어가 베드로전서 2장 24절을 만 번만 적어 가지고 오세요. 그리고 한 번씩 적을 때마다 입술로 '그가 채찍에 맞음으로 너희는 나음을 얻었나니.' 라고 고백을 하세요. 그리고 눈을 감고 하나님의 꿈과 환상 속에서 건강해진 자매님의 모습을 보세요. 이 고백이 바로 자매님을 향한 하나님의 뜻입니다. 이것을 다 마칠 때까지 금식하세요. 그리고 숙제를 다 마치고 돌아오시면 제가 기도해드리겠습니다. 그러면 분명히 놀라운 역사가 나타날 것입니다."

일주일 동안 이 자매님은 기도굴에서 제가 내준 숙제를 했습니다. 본문을 써 내려갈 때마다 "그가 채찍에 맞음으로 너희는 나음을 얻었나니."라고 입술로 고백을 했습니다. 그리고 치료받은 자신의 모습을 그려보려고 노력했습니다. 그러자 서서히 고통을 잊고 하나님의 뜻 속에 자신이 잠기는 것을 느낄 수 있었습니다. 점차 완전히 치유받은 자신의 모습을 볼 수 있었습니다.

일주일 후에 그녀는 환한 얼굴로 저를 찾아왔습니다. 이전의 쉰 목소리는 온데간데없이 사라지고 맑고 고운 목소리로 저에게 말했습니다. "목사님, 지난번에 내주신 숙제 다 해가지고 왔습니다. 이것 보세요." 그녀는 저에게 노트를 보여주면서 자랑했습니다. 마치 자신이 암에 걸린 환자였다는 사실도 잊어버린 것 같았습니다.

"식도암은 어떻게 되었습니까?"

"잘 모르겠습니다. 그러나 지금은 전혀 아프지 않아요. 하나님께서 고쳐주셨나 봐요."

"목소리가 맑아지셨네요. 무슨 일이 있었습니까?"

"저는 단지 목사님이 내주신 숙제를 하느라고 정신이 없어서 제가 암에 걸렸다는 사실도 잊어버렸습니다. 그리고 이렇게 숙제를 하다가 좋아져버렸습니다."

믿음과 입술의 고백은 서로 밀접한 관련이 있습니다. 그래서 여러분의 마음 가운데 믿음이 있어도 이것을 입술로 선포하지 않으면 아무런 기적도 일어나지 않습니다. 참된 믿음은 긍정적인 입술의 고백을 통해 이루어질 수 있습니다. 우리가 긍정적인 입술로 우리의 신앙을 고백할 때 하나님께서 들으시고, 현실을 기적으로 변화시켜줍니다. 여러분의 입술이 긍정적인 입술로 변화되기를 소원합니다.

천지와 만물을 지으신 하나님!

창조주 하나님과 십자가에서 죄와 질병과 저주를 다 청산하신 예수님, 그리고 보혜사 성령님께서 우리와 항상 함께 계심을 믿습니다. 그러므로 우리의 입술이 날마다 긍정적인 언어를 선포하기를 간절히 바랍니다. 오직 우리의 입술의 고백이 '나는 할 수 있습니다.' 라고 선언할 수 있게 하옵소서. 생산적이고 긍정적인 언어를 선포하여, 불가능한 것을 가능케 하시는 주님을 의지하게 하옵소서.

예수님의 이름으로 기도드립니다. 아멘.

하나님의
얼굴을
구하는 삶

월. 푯대를 향해 전진하며 기도하라

화. 마음의 지도를 그리며 기도하라

수. 4가지 원칙으로 말씀을 읽어라

목. 성령의 생수를 마시라

금. 사랑은 나눌수록 커진다

하나님의 얼굴을
구하는 삶

The Fourth Dimension Spirituality Practice

지금까지 우리가 살펴본 '마음, 생각, 믿음, 꿈, 말'은 4차원의 영성에 있어서 기초적인 항목들이라 할 수 있습니다. 이제 위 5단계의 요소들을 기본으로 그리스도인의 삶을 어떻게 살아야 할지 적용하는 과정이 필요합니다. 그 과정은 기도, 말씀, 성령, 교제로 이루어져 있습니다.

먼저 푯대를 향해 전진하며 기도하십시오. 신앙생활에 있어서 핵심은 기도입니다. 기도는 성령님을 통해서 사단의 권세를 쳐부수고, 우리로 하여금 자유롭게 생활할 수 있는 힘을 줍니다. 그러나 우리는 기도를 하되, 푯대를 향해 전진하며 기도해야 합니다.

6 · 25전쟁 이후 우리나라의 모든 사람들이 너무나도 가난했습니다. 저도 예외는 아니었습니다. 그래서 저는 무릎을 꿇고 기도했습니다. "주님, 제발 일용할 양식을 주십시오. 책상과 의자, 그리고 자전거가 필요합니다. 이것들은 제게 필요한 최소한의 품목들입니다." 저는

158 | 4차원의 영성 **실천편**

한 달을 기도하며 기다렸습니다. 그러나 제겐 아무 일도 일어나지 않았습니다. 석 달, 넉 달, 다섯 달이 지나도록 아무 일도 일어나지 않았습니다. 저는 그때 절망 가운데 울부짖으며 기도했습니다.

그때 성령님께서 제 마음에 이렇게 말씀하셨습니다. "나는 네게 일단 응답하기는 했지만, 네가 좀 더 구체적으로 기도하기를 기다리고 있다. 너는 수많은 종류의 책상과 의자와 자전거가 있다는 것을 모르느냐? 네가 구하는 책상과 의자와 자전거는 과연 어떤 종류의 것인지 도무지 알 수가 없구나. 나는 네가 좀 더 구체적으로 기도할 때까지 기다리고 있으며, 네가 구체적으로 기도하기 전에는 응답할 수 없다."

그래서 저는 즉시 무릎을 꿇고 기도하기 시작하였습니다. "하나님, 저는 필리핀산(産) 마호가니로 만든 책상을 원합니다. 의자는 철로 테를 두른 것으로, 아래에 작은 바퀴가 달려 있어 책상 주위를 밀고 다닐 수 있는 것이었으면 좋겠습니다. 그리고 미국산 자전거를 갖고 싶습니다. 아버지, 분명하게 모든 것들을 말씀드렸으니 이제 응답을 기다립니다."

그리고 하나님께 기도하며 몇 달을 보내자, 이것들이 하나씩 제 수중에 들어오기 시작했습니다. 필리핀산 마호가니 책상, 철로 테를 두르고 바퀴가 달린 의자, 그리고 미국인 선교사 자녀가 잠시 사용했던 미국산 자전거, 이 모든 것들을 갖게 되었습니다. 이 일은 저의 삶을 송두리째 바꿔놓고 말았습니다. 즉, 우리가 푯대를 세워놓고 구체적으로 기도할 때 하나님께서는 우리의 기도에 응답해주신다는 확신을 갖게 된 것입니다.

두 번째로 푯대를 세웠으면 마음의 지도를 그리며 기도해야 합니다. 마음의 지도를 그리는 작업은 조깅 코스를 잡는 것과 비슷합니다. 조깅을 위해 30분, 한 시간, 두 시간 길이의 코스를 만들어보십시오. 그러고는 여러분이 달려야 할 코스를 머릿속에 설계해보는 겁니다.

저는 실제로 한 시간 길이의 기도조깅 코스를 걸을 때 하나님께 찬양을 드리고, 그분이 제게 해주신 모든 것들을 조목조목 빠짐없이 이야기하며 감사드리는 것으로 시작합니다. 그 모든 것에 대해 하나님을 찬양하고 나서는, 오늘 제가 해야 할 일들도 축복해달라고 요청합니다. 그 후에는 마치 100만 교인이 현실적으로 가능한 것처럼 제 마음속에 그려보곤 했습니다. 사람들 눈에는 보이지 않지만 100만 교인이 성장하는 교회가 제 안에서 자라나고 있는 것입니다. 그렇게 우리 교회를 위해 기도하고 난 후에 저는 모든 구역장들을 위해 기도합니다. 그리고 교회 안의 모든 부서들과 각 기관들을 위해 기도합니다.

그 다음 저는 기도를 미국으로 옮겨갑니다. 미국 교회의 모든 사람들과 저의 텔레비전 설교 프로그램을 시청하는 이들을 위해 기도합니다. 다음으로는 일본 전역을 위해 기도하면서 그곳의 오래된 우상들을 철폐해주시고, 마귀를 쫓아주실 것을 기도합니다. 그리고 일본에 방영되는 텔레비전 설교 프로그램과 일본 전역에 걸쳐 영적 전쟁에서 승리하기 위해 기도합니다. 이것이 저의 한 시간 길이의 조깅 코스입니다. 여러분이 마음의 지도를 그리며, 조깅 코스를 걷듯 기도를 할 때 성령님의 인도하심을 체험할 수 있습니다.

이처럼 신앙생활에 있어서 기도는 우리의 삶에 나침반과 같은 역할을 한다고 볼 수 있습니다. 그렇다면 우리의 신앙생활에 있어서 반석과 같은 역할을 하는 것은 무엇이라 할 수 있을까요? 그것은 '말씀'입니다. 살아 계신 하나님의 말씀인 성경책을 매일 우리의 삶 속에 적용할 때 우리의 신앙의 기초가 확실히 세워질 수 있습니다.

그러나 '말씀'을 읽을 때, 건성으로 읽는 태도는 우리의 신앙생활에 아무런 도움을 주지 않습니다. 그러므로 4가지 원칙으로 말씀을 읽어야 합니다. 이것이 바로 4차원의 영성을 삶에 적용하는 세 번째 원칙입니다. 4가지 원칙은 4차원의 세계에 속한 원칙으로 다음과 같습니다. 첫째, 성경책을 집중하여 읽으며 그 말씀을 하나님의 말씀으로 받아들입니다. 둘째, 귀를 기울여서 하나님의 세밀한 음성을 듣습니다. 셋째, 그 말씀이 이루어지는 모습을 눈앞에서 영롱한 꿈과 환상으로 끊임없이 그려봅니다. 넷째, 그 말씀을 자신의 입으로 앉으나 서나 하루에 수십 번, 수백 번 입으로 그대로 시인하십시오. 이렇게 하면 그 말씀이 자신의 마음속에 간직됩니다.

이러한 네 단계의 과정을 통해서 여러분과 저는 성경의 어떠한 하나님의 말씀도 그 껍질을 벗겨낼 수 있습니다. 그리하여 하나님의 능력을 통해서 인간이 상상할 수 없는 그 위대한 일들을 여러분의 생활 속에 실제로 체험할 수 있는 기적을 맛볼 수 있습니다.

그런데 아무리 우리의 신앙생활 가운데 기도와 말씀이 있다고 할지라도 성령이 없으면 심각한 문제에 봉착하게 됩니다. 즉 성령이 없는 사람은 스스로 중언부언하는 자라 할 수 있습니다. 그러므로 신앙생활에 있어서 네 번째 단계인 성령의 생수를 마시는 과정이 필요합니다.

저는 원래 어린 시절부터 감성적이고 수줍음을 많이 타서 사람들 앞에서 말을 잘하지 못했습니다. 그래서 아무것도 아닌 일에 눈물을 흘리고 가슴 아파하곤 했습니다. 이런 저의 성격 때문에 아버지는 항상 "얘야, 너는 사내 녀석이 왜 매일 바이올린처럼 징징거리기만 하니? 계집애처럼 행동하지 말고 사나이답게 행동해야지!"라고 말씀하곤 하셨습니다. 아버지로부터 이런 말을 듣고 나면 저는 더욱 침울해지곤 했습니다. 말을 할 때도 긍정적이고 적극적인 말보다는 부정적이고 소극적인 말을 많이 했습니다. 또한 강단에 설 때도 사람들이 두 눈을 동그랗게 뜨고 저를 쳐다보면 두려운 마음이 생기고 그 자리에서 도망치고 싶다는 생각을 자주 했습니다.

또한 여러분이 저의 발음을 들어보시면 잘 알겠지만 사투리가 많이 섞여 있습니다. 제가 태어나서 어린 시절을 보낸 부산 사람들은 아주 강한 어투로 말을 합니다. 특별히 'ㅅ' 발음을 강하게 'ㅆ'으로 합니다. 그래서 제가 아무리 '성령님'이라고 말을 해도 실제로 제 입술에서는 '썽령님'이라고 발음합니다. 그래서 가끔 제 목소리나 발음을 흉내 내는 분들 중에는 '썽령님', '그래써', '믿쑵니까?'라고 말하는 분들도 있습니다. 이러한 언어 습관은 제가 영어로 강의할 때도 드러납니다. 's' 발음을 아주 강하게 하기 때문에, '홀리 스피리트'라고 발음하지 않고, '홀리 쓰피리트'라고 발음합니다. 이처럼 저는 부족한 점이 많은 사람입니다.

그래서 처음에는 말씀을 선포함에 있어 두려움에 휩싸이기도 했습니다. 그러나 저는 강단에 서서 말씀을 선포하는 것이 내가 아니라 제 안에 계시는 성령님이라는 것을 알게 된 후부터는 담대하게 말씀을 선포할 수 있었습니다. 그래서 말씀을 전하기 전에는 항상 "성령님 이렇게 큰 세미나를 인도한다는 것이 저에게 얼마나 무거운 짐이 되는지 알고 계시지요? 저의 능력으로는 도저히 할 수가 없습니다. 그러나 성령님께서 제 안에 계셔서 힘과 능력이 되어주시니 담대히 말씀을 전하기 원합니다. 성령님 인정합니다. 환영합니다. 모셔 들입니다. 성령님께서 저를 사용하여 이 세미나를 인도하여주십시오."라고 기도합니다. 이렇게 기도하고 나면 저는 힘과 능력으로 넘쳐납니다. 왜냐하면 성령님은 전지전능하시며 능력이 많으신 분인데, 저는 성령님이 사용하시는 도구가 되기 때문에 그러한 능력이 저를 통해 나타날 수 있게 되는 것입니다. 그것은 제 능력이 아니라 온전히 성령님의 능력이기에 더욱 강한 힘을 나타낼 수 있습니다.

이러한 성령님은 전능하신 하나님이시기 때문에 우리의 신앙생활을 새롭게 하십니다. 그래서 바울이 "내게 능력 주시는 자 안에서 내가 모든 것을 할 수 있느니라."(빌 4:13)라고 말한 것처럼 성령님이 우리에게 능력을 주시면 우리는 모든 것을 할 수 있습니다.

마지막으로 여러분의 신앙생활 가운데 사랑을 나누십시오. 여러분이 신앙생활을 하면서, 자신의 사랑을 이웃과 나눈다면, 그 사랑은 점점 커질 수밖에 없습니다. 무엇보다도 '사랑'은 생명의 원천이 됩니다. 사랑이 우리 마음속을 점령하면 생명의 역사가 일어납니다. 우리가 하나님을 사랑하고, 나 자신을 사랑하고, 다른 사람들을 사랑하면, 그 사랑이 강력한 생명력을 발휘하여 우리의 삶과 사역 가운데 놀라운 역사가 일어나게 됩니다.

우리 여의도순복음교회가 '좋다, 안 좋다.' 욕을 많이 얻어먹기도 하고 칭찬도 많이 받지만, 우리 교회가 지속적으로 성장 발전하는 것은 우리가 계속해서 이웃과 나누고 있기 때문입니다. 우리 교회는 한세대학과 베데스다대학을 통해서 젊은이들 교육에 애를 쓰고 있습니다. 또한 엘림복지타운을 통해서 사회복지를 위해 끊임없이 사회에 재산을 환원하는 일, 심장병 어린이들을 무료로 수술하는 일, 엔지오(NGO)를 통해서 북한을 지속적으로 지원하는 일, 인도, 아프리카를 지원하는 일 등을 하고 있습니다. 그리고 500개 교회 개척을 목표로 세우고 지금 300여 교회를 개척해서 계속 돕고 있습니다. 또한 600여 명의 선교사를 온 천하에 보내서 선교 사역을 하고 있습니다.

그런데 우리 교회 건물 자체는 매우 허름합니다. 우리 교회는 교회 치장에 돈을 쓰지 않습니다. 우리가 앉아 있는 의자만 해도 30년 전에 만들어진 것입니다. 어떤 목사님 한 분이 와서 이렇게 말했습니다. "조 목사님, 의자 좀 바꾸시오. 세계에서 제일가는 교회 의자가 뭐 이렇습니까?" 그러나 저는 그 목사님의 생각과 다릅니다. '우리는 될 수 있으면 우리 교회를 위해서 돈을 쓰지 말고 다른 사람을 위해서 써야 한다. 사회를 위해서, 한국 교회를 위해서 써야 한다.' 라는 생각을 품고 있습니다. 의자는 30년이 되어도 앉을 수 있으니까 괜찮습니다. 또 골동품이 되어서 가치가 더 있다고도 합니다. 그러므로 여러분의 신앙생활 가운데 사랑을 나눌 때 하나님께서 여러분을 축복해주십니다.

위 5가지 과정을 여러분의 신앙생활에 적용하십시오. 기도와 말씀과 성령과 교제의 삶이 수레바퀴처럼 하나가 되어 돌아갈 때 여러분의 삶이 역동적으로 바뀌게 됩니다. 그리고 그 삶을 통해 전도의 문이 열리게 됩니다. 베드로전서 4장 11절을 보면 '만일 누가 말하려면 하나님의 말씀을 하는 것같이 하고 누가 봉사하려면 하나님의 공급하시는 힘으로 하는 것같이 하라.' 라고 주님이 말씀하십니다. 하나님이 우리의 인도자가 되시고, 우리는 그분의 수레바퀴가 되어 순종하며 나아갑시다. 하나님의 임재하심을 통해 우리의 신앙생활에 열매가 맺힐 줄 믿습니다.

푯대를 향해 전진하며 기도하라

: 월

형제들아 나는 아직 내가 잡은 줄로 여기지 아니하고 오직 한 일 즉 뒤에 있는 것은 잊어버리고 앞에 있는 것을 잡으려고 푯대를 향하여 그리스도 예수 안에서 하나님이 위에서 부르신 부름의 상을 위하여 좇아가노라

| 빌립보서 3장 13절~14절

산만한 목표는 방향을 잃게 할 따름입니다. 돋보기를 가지고 종이에 구멍을 뚫기 위해서는 꾸준히 한곳을 집중해서 비추고 있어야 합니다. 집중해서 돋보기를 통해 빛을 모을 때 연기가 모락모락 나고 종이가 타기 시작합니다. 그러지 않고 돋보기를 이리저리 자꾸 옮기면 절대 종이를 태워 구멍을 뚫을 수 없습니다. 이와 마찬가지로 기도 또한 분명한 푯대를 바라보며 한곳에 집중하여야 합니다. 우리가 선명하게 나타난 푯대를 바라볼 때 하나님의 음성을 체험할 수 있습니다.

열화와 같은 마음으로 푯대를 향해 기도하라

가난한 떠돌이 악극단원의 아들이었던 한 소년이 있었습니다. 이 소년은 아버지를 따라 미국 이곳저곳을 다니면서 살았습니다. 그래서 잠자리도 편하지 아니하고 늘 떠돌아 다녀야 했습니다.

그런데 어느 해 겨울에 그들이 달라스에 왔을 때였습니다. 그해 겨울은 몹시 추웠는데, 그들이 투숙한 3등 여관에 난방이 되지 않아서 밤새도록 담요를 몸에 감고 떨었습니다. 그리고 그 추운 겨울에 천막을 쳐놓고 악극단이 공연을 했지만 관람객은 없었고 따라서 수입도 없었습니다. 이 소년은 몸을 데우기 위해서 할 수 없이 근처에 있는 성당에 갔습니다.

성당은 그래도 좀 따뜻했기 때문입니다. 그런데 성당에 가서 앉아 있으려니까 별로 할 일이 없어서 기도를 하기 시작했습니다. 이 소년은 "춥지 아니하고 정기적인 수입을 얻고 사람다운 삶을 살고 싶습니다. 하나님, 도와주세요."라고 간절히 기도하였습니다. 그러던 중에 소년의 마음속에 뜨거운 소원이 생겼습니다.

'나도 호텔을 하나 가졌으면 좋겠다. 호텔 사업을 해보고 싶다.' 이런 소원이 마음속에 구름같이 피어오르기 시작했습니다. 이런 생각을 한 후, 처음에는 소년도 당황하여 '내가 너무 추우니까 이런 생각이 드나 보다.' 라고 여기며 머리를 흔들었습니다.

하지만 이튿날도 또 그 다음날도 그 성당에 와서 엎드려 기도를 하기만 하면 그 생각이 구름같이 피어오르면서 간절하고도 뜨거운 소망이 생겨났습니다. '나는 악극단을 따라다니면서 이런 일을 하지 말고 호텔을 해야겠다.' 라는 소원이 점차 확고해졌습니다. 그 소원과 함께 소년의 마음에는 바라는 것들의 실상인 믿음이 생겼습니다. 결국에는 '나라고 호텔 사업을 못할 것이 뭐가 있겠나? 나는 정규교육도 받지 못했고 떠돌이 인생이지만, 나도 호텔을 할 수 있다.' 라는 믿음을 갖게 되었습니다.

이러한 믿음을 가지고 그는 열심히 기도했습니다. 그리하여 그는 1924년에 사람들을 설득해서 투자가를 모아 달라스에 조그만 호텔을 세웠습니다. 그리고 그 호텔 이름을 자기의 성을 따서 '힐튼' 이라고 붙였습니다. 그리고 난 다음 열화 같은 소원과 꿈을 가지고 일한 결과 그는 호텔업에 크게 성공을 했습니다.

이 사람이 바로 오늘날 전 세계 어느 곳에 가든지 체인을 가지고 있는 힐튼호텔의 창업자인 콘라드 힐튼입니다.

하루를 살면서 떠돌이 악극단의 아들인 사람이 어떻게 전 세계에서 으뜸가는 호텔 체인을 가진 억만장자가 되었습니까? 그는 추위를 피하기 위해서 들어간 성당에서 기도하다가 성령으로 말미암아 푯대를 갖게 되었고, 그 푯대를 향해 전진하며 기도했기 때문에 이 기적같은 일이 가능했습니다. 밥을 짓는데 희미하게 불을 때면 생쌀 그대로지 밥이 되지 않습니다. 마찬가지로 그저 희미한 마음, 불투명한 푯대를 갖고 기도하면 안 됩니다. 바짝 불을 때서 보글보글 끓여야 밥이 되듯, 우리의 기도도 열화와 같은 마음으로 푯대를 향해 전진하며 기도할 때 하나님이 응답해주십니다.

기도하며
P·R·A·Y

전능하신 아버지 하나님!

하나님은 이미 하늘에서 우리가 기도할 것을 알고 계시고 그 기도에 응답해주시는 분임을 고백합니다. 우리가 입을 넓게 열고 기도하며 나아가면 하나님이 채워주시기로 약속하셨음을 믿습니다. 그러므로 우리가 푯대가 없는 기도를 하지 않게 도와주시옵소서. 모두 다 푯대를 분명히 가지고 꿈을 분명히 가지고, 확실한 믿음과 열정으로 집중적으로 기도하게 하옵소서. 기도를 통해서 위대한 역사들이 일어나게 도와주시옵소서.

예수님의 이름으로 기도드립니다. 아멘.

火
: 화

마음의 지도를 그리며 기도하라

저는 자기를 경외하는 자의 소원을 이루시며 또 저희 부르짖음을 들으사

구원하시리로다 | 시편 145편 19절

우리가 간절한 마음으로 구체적으로 바라는 것에 대해 그림을 그리며 기도할 때 우리의 기도를 성령님이 늘 도와주십니다. 그러므로 형식적으로 "성령님 도와주세요!"라고 막연하게 기도해서는 안 됩니다. 뜨거운 마음을 가지고 실상을 바라보며 그리는 기도를 해야 합니다. 그리고 그 그림이 실제로 응답받으리라는 확신을 가지며 기도해야 합니다. 그렇기 때문에 마음의 지도를 그리는 기도는 단순한 명상이 아닙니다. 오직 성령님께 의지하며 성령님이 우리의 붓이 되어 우리의 소원을 그려주신 대로 응답해주시기를 바라는 기도입니다.

매 순간 그림을 그리며 기도하라

미국의 위인으로 꼽히는 사람 중에 한 사람이 부커 워싱턴입니

다. 부커 워싱턴은 인종차별이 심한 미국에서 흑인으로 태어났습니다. 아버지가 백인이라는 말은 들었지만 그는 평생 아버지가 누군지조차 몰랐습니다. 그는 흑인 노예인 어머니에게서 태어났는데, 그 어머니는 어떤 남자에게 당해서 그를 낳았는지도 몰랐습니다.

어쨌든 그는 종으로 태어났습니다. 그는 종살이하면서 뼈가 휘도록 일을 하였습니다. 그런 와중에도 열심히 공부하면서 자신의 나이가 열여섯 살이 되는 해에는 반드시 대학에 입학하리라는 결심을 했습니다. 하지만 미국에서도 인종차별이 유독 심했던 남부에서는 흑인인 그가 대학을 간다니까 사람들이 다 비웃었습니다. "미친 놈. 그놈 정신이 돌았어!"라고들 말했습니다.

당시 미국의 일반 대학들은 흑인에게는 입학을 허락하지 않았습니다. 오직 웨스트버지니아의 햄프턴대학에서만 흑인을 받아들였습니다. 그래서 그는 웨스트버지니아의 햄프턴대학에 들어가기로 마음먹었습니다. 그래서 햄프턴대학을 가려고 했는데 차비가 없어서 그 대학까지 걸어가야만 했습니다. 거리가 얼마인지 아십니까? 자그마치 2,000리입니다. 100리도 먼데 2,000리 길을 이 흑인 소년이 천추의 한이 된 꿈을 가지고 걸어갔습니다.

그는 2,000리 길을 걸어가면서 걸음마다 기도했습니다. 그런데 그의 기도 방식이 독특했습니다. 그가 기도하는 방법은 햄프턴대학을 다니며 공부하는 그림을 마음속에 그리는 기도였습니다.

마침내 그는 햄프턴대학에 도착해서 학장을 만날 수 있었습니다.

그런데 학장이 그를 보니까 그는 상당히 꾀죄죄하고 뼈만 남은 흑인 소년이었습니다. 그뿐만 아니라 그의 몸에서 냄새가 날 정도로 그는 목욕도 안 했습니다. 그래서 학장은 그에게 물었습니다.

"왜 왔느냐?"

"이 대학에서 공부하게 해주십시오."

학장은 이 말을 듣고 그냥 쫓아버리기가 힘이 들어서 쫓을 궁리를 했습니다. 학장은 그를 커다란 강당으로 데리고 가서 말했습니다.

"내가 올 때까지 이 강당을 청소해라."

그래서 그는 기도를 하면서 넓은 강당을 열심히 닦았습니다. "하나님 아버지, 제가 이 대학에서 공부하게 하옵소서." 한참 기도를 하면서 강당을 닦는데 마음속에 성령께서 '구석구석을 닦아라, 구석구석을 닦아라.'라고 말씀하시면서 자꾸 그의 마음에 그림을 그리게 하셨습니다. 그래서 한 번에 구석구석을 닦고 다시 한 번 닦았습니다.

저녁이 다 돼서야 학장이 왔는데 그 학장은 강당 구석만 살펴보았습니다. 구석구석마다 다니면서 손가락으로 훑으며 검사를 했습니다. 먼지가 묻어나오면 트집을 잡으려고 했지만, 명경(明鏡)같이 깨끗이 닦아놓은 것이었습니다. 그러니 이 흑인 소년을 쫓아낼 도리가 없었습니다. 그래서 학장은 어쩔 수 없이 "좋다. 내가 시험해보니 착실하고 성실한 소년 같으니까 공부를 해라."라고 말하며 입학을 허가해주었습니다.

그래서 부커 워싱턴은 햄프턴대학에서 공부를 하게 되었고 나중에는 햄프턴대학의 학장이 되었습니다. 그뿐만 아니라 그는 흑인들을 위해 흑인 대학을 두 개나 세우고 당시 흑인으로서는 보기 드물게 영웅 칭호를 받고 미국 역사에 이름을 남긴 인물이 되었습니다.

하루를 살면서

여러분도 부커 워싱턴처럼 마음에 그림을 그리며 기도하십시오. 여러분이 간절한 마음으로 그림을 그리며 기도할 때 하나님이 여러분의 길을 열어주십니다. 현실에서는 이룰 수 없는 일이라 하더라도, 기도하면서 그리는 그림을 하나님이 보고 계십니다. 그 그림을 통해 여러분의 꿈이 성취되기를 소원합니다.

기도하며 P·R·A·Y

전능하신 우리 하나님!

우리의 마음에 그림을 보여주시니 감사합니다. 우리 주 예수 그리스도를 의지하여 마음에 그림을 그리며 기도하게 하옵소서. 그 그림이 우리의 마음을 꽉 채우고 그 그림이 현실로 나타나게 됨을 체험하게 하옵소서. 성령께서 그 그림을 통하여 위대한 창조를 우리 개인과 가정과 국가에 이루게 하여주옵소서.

예수님의 이름으로 기도드립니다. 아멘.

水 4가지 원칙으로
: 수 말씀을 읽어라

그러면 무엇을 말하느뇨 말씀이 네게 가까와 네 입에 있으며 네 마음에
있다 하였으니 곧 우리가 전파하는 믿음의 말씀이라 | 로마서 10장 8절

말씀을 읽는 4가지 원칙은 4차원의 세계에 속한 원칙으로 다음과
같습니다. 첫째, 성경책을 집중하여 읽을 때 그 말씀을 하나님의 말씀
으로 받아들입니다. 둘째, 귀를 기울여서 하나님의 세밀한 음성을 듣
습니다. 셋째, 그 말씀이 이루어지는 모습을 영롱한 꿈과 환상으로 끊
임없이 그려봅니다. 넷째, 그 말씀을 자신의 입으로 앉으나 서나 하루
에 수십 번, 수백 번 입으로 그대로 시인하십시오. 그리하면 그 말씀
이 자신의 마음속에 간직됩니다.

말씀을 읽고 또 읽고 시인하라

저는 어떤 사람이 콩고 선교사로 갔다가 암에 걸려서 사형선고를
받아 고향에 돌아온 이야기를 들은 적이 있습니다. 그는 고향으로 돌

아와 죽을 날을 기다리고 있었습니다. 이 사람은 암이 심각하게 전이되어서 병원에서도 포기한 상태였습니다. 간암에 걸린 그는 썩어가는 간을 안고서 죽음의 날을 기다리는 위기에 처해 있었습니다. 백약이 무효했습니다. 누구도 그를 치료할 수가 없었습니다.

그런 그가 하루는 자기 아내에게 양지 볕에 침대를 옮겨달라고 말했습니다. 햇살이 따사롭게 비치는 양지 볕에 앉아서 그는 성경을 읽고 있었습니다. 콩고 선교사로 헌신하면서 그는 창세기부터 요한계시록까지 수십 번은 읽었습니다. 그런데 마침 그가 읽은 성경 말씀은 베드로전서 2장 24절이었습니다.

"저가 친히 나무에 달려 그 몸으로 우리 죄를 담당하셨으니 이는 우리로 죄에 대하여 죽고 의에 대하여 살게 하려 하심이니라."

그는 여기까지 읽고 난 다음에 눈물을 흘렸습니다. '나는 얼마 있지 아니하여 육신이 죽고 영혼이 이 몸을 떠나가겠구나. 예수께서 친히 나무에 달려 그 몸으로 나의 죄를 담당하셨다. 그러므로 나의 죄에 대하여 죽고 의에 대하여 살게 된 것이 얼마나 감사하고 좋은 일인가!'

그는 이 말씀을 묵상하면서 감사의 눈물을 흘렸습니다. 그리고 눈물을 거두고 나서 그 다음 성경구절에 주의를 기울였습니다. "저가 채찍에 맞음으로 너희는 나음을 얻었나니."

눈물을 흘리던 눈에서 갑자기 번쩍 빛이 났습니다. '예수께서 친히 나무에 달려 그 몸으로 우리의 죄를 사하셨다는 것이 사실이라면 그 뒤에 저가 채찍에 맞으므로 너희가 나음을 얻었다는 말씀은 무슨 말인가?

그래서 그 말씀에 그는 집중을 하고 또 귀를 기울였습니다. 그는 그 성경을 집중해서 바라보고 읽고, 또 귀를 기울이고 집중해서 듣기 시작하였습니다. 그러자 그의 마음속에 하나님의 음성이 들리기 시작했습니다.

'사랑하는 아들아 내가 인간의 질병의 고통을 대신 짊어지고, 질병이라는 무서운 형벌을 대신 감당하기 위해서 빌라도의 뜰에서 로마의 무자비한 군인들에게 등허리가 갈기갈기 찢어지도록 채찍으로 맞았다. 그리고 찢겨진 내 등에서는 선지자의 피가 흘렀다. 병은 축복이 아니라 형벌이다. 나는 너를 대신해서 형벌을 받았다. 이제 너는 나를 믿는 사람이다. 내 안에서 너는 형벌을 다 청산하고 말았으니 너는 이 형벌을 받을 필요가 없다. 저가 채찍에 맞으므로 너는 나음을 입었다. 그것을 믿느냐?

그 말씀에 귀를 기울일 때 그의 심령 속에 성령의 음성이 그를 울리고 다가왔습니다. 그는 성령의 음성을 듣자마자 자신은 병자가 아니라는 믿음이 생겼습니다. 그는 그의 아내를 불렀습니다.

"여보, 내 옷을 가져오시오."

"아니 여보, 왜 그러세요?"

"이 성경 말씀 보세요. 이 성경이 말하기를 저가 채찍을 맞으므로 내가 나음을 입었다고 말하고 있소."

"아니, 그 말씀은 당신이 늘 읽었던 말씀 아니요? 오늘 뭘 그렇게 새삼스럽게 그래요?"

"아니요. 전에는 내가 읽었지만 이 성경의 말씀에 귀를 기울이지 않았소. 나는 그냥 지나쳐 읽었을 따름입니다. 그러나 내가 오늘 이 말씀에 집중할 때 하나님의 성령께서 이 말씀을 통하여 내 영혼에 말씀해주셨습니다. 나는 이 말씀을 받았고 나는 믿었습니다. 나는 이제 간암 환자가 아닙니다. 나는 나은 사람입니다. 나은 사람이 왜 누워 있나요? 나는 병상에서 일어나야겠습니다."

그는 부인이 말리는데도 불구하고, 옷을 입고 비틀거리며 정상인의 생활을 시작하였습니다. 놀랍게도 그 후 얼마 있지 않아서 그의 간암은 씻은 듯이 사라지고 말았습니다. 하나님의 말씀의 기적이 역사하셨던 것입니다.

성경에서 말씀하기를 '믿음은 들음에서 나며 들음은 그리스도의 말씀으로 말미암느니라.' 라고 했습니다. 성령의 음성을 마음속에 들으면 믿음이 사라질 수 없습니다. 오늘 사람들에게 믿음이 없는 이유는 그들이 하나님 말씀에 주의하고, 귀를 기울이는 데 시간을 들이지 않기 때문입니다. 하나님의 성령은 살았고 운동력이 있어서 여러분이 귀를 기울이고 말씀을 받아들일 때 여러분 삶 가운데서 역사하십니다. 그러므로 이제 성령께서 말씀을 통해서 내게 무엇을 가르치기를 원하시는지 귀를 기울이십시오.

살아 계셔서 역사하시는 하나님 아버지!
어제나 오늘이나 영원토록 동일하신 하나님께서 이 자리에 그 권능의 나래를 펴시고, 우리 가운데 계심을 감사합니다. 과거에는 하나님의 말씀이 육신이 되어 오셔서 우리 가운데 역사하셨습니다. 그 말씀은 예수 그리스도이십니다. 하지만 이제는 하나님의 말씀이 성경에 기록되어서 우리 가운데 와 있고 우리 손에 들려 있으니, 성경을 통해 우리가 하나님을 만날 수 있음을 믿습니다. 이토록 귀중한 성경 말씀에 우리가 주의를 기울여서 하나님의 음성을 듣게 하옵소서. 하나님의 음성을 듣고 성경 말씀이 우리 삶 속에 역사할 수 있도록 도와주옵소서.

예수님의 이름으로 기도드립니다. 아멘.

木
: 목

성령의 생수를 마시라

오직 성령이 너희에게 임하시면 너희가 권능을 받고 예루살렘과 온 유대
와 사마리아와 땅끝까지 이르러 내 증인이 되리라 하시니라

| 사도행전 1장 8절

아무리 우리의 신앙생활 가운데 기도와 말씀이 있다고 할지라도
성령의 임재하심이 없으면 심각한 문제에 봉착하게 됩니다. 즉 성령
이 없는 사람은 스스로 중언부언하는 자라 할 수 있습니다.

그러므로 신앙생활에 있어서 '성령의 생수를 마시는 과정은 반드
시 필요합니다.' 주의 성령이 임하시면 우리는 권능을 받습니다. 그
리하여 우리의 영혼이 회복되고, 우리의 삶은 능동적으로 변화에 이
르게 됩니다.

성령을 통해 삶을 회복하라

저는 싱가포르에서 훌륭한 사람을 만났습니다. 그 사람은 그리스
박사였습니다. 또한 그는 미국의 스탠포드대학에서 경제학 박사 학

위를 받은 아주 똑똑하고 지혜로운 사람이었습니다. 뿐만 아니라 국회의원이기도 했습니다.

우연한 기회에 그분의 이야기를 듣게 되었습니다. 그는 결혼한 지 3년 만에 아들 하나를 낳고, 부부간에 도저히 뜻이 맞지 않아 이혼을 했다고 했습니다. 부인은 부인대로 떠나가고 자기는 홀아비로서 어린 아들 하나 데리고서 10년을 살았습니다. 그 아들이 커서 당시에는 열네 살이었습니다.

부인하고 헤어져서 10년을 살았으니 아주 남남이었습니다. 그러던 중에 그를 신뢰한 싱가포르 수상이 좋은 혼처를 구해 재혼을 하도록 권했습니다. 그 권유를 받아들이고 한 여성과 만나 약혼을 하고 결혼 날짜까지 잡게 되었습니다. 그런데 그는 결혼 직전에 우연한 계기로 전도 집회에 나가서 복음을 듣고 예수를 믿게 되었습니다.

예수를 믿고 성령을 받고 난 뒤, 제일 먼저 누구를 용서해달라고 기도했을까요? 바로 10년 전에 자기를 버리고 나간 전처였습니다. 그는 전처를 미워한 죄를 회개했습니다.

"아버지 하나님, 10년 전에 헤어진 전처를 미워한 죄를 용서해주옵소서. 주님이 나를 씻어주시옵소서."라며 기도를 했습니다.

그러자 성령께서 말하기를 "미워했던 것을 회개하고 진심으로 상대를 용서했다면 다시 만나 살아라."라고 응답했습니다.

그는 "아이고 하나님! 헤어진 지가 10년입니다. 그리고 지금 수상이 중매를 해서 약혼을 하고 결혼 직전에 있는데 어떻게 합니까?"라고 대답했습니다.

그런데 그때부터 성령께서 "전처하고 다시 결혼을 해라. 그렇게 하는 것이 주님 뜻에 합당하니 그렇게 해라."라고 말씀하시는 것이었습니다. 그래서 그는 고민에 빠졌습니다. 결국 그는 고민하다가 전처에게 연락을 했습니다.

"나는 예수 믿고 당신을 다 용서했다. 당신도 예수 믿고 회개하고 새 사람이 되어 내게로 돌아오라."

그 말을 듣고 부인도 회개하고 "나도 예수를 믿고 당신에게 돌아가겠습니다."라며 그와의 재결합에 합의를 했습니다. 그래서 그는 약혼자와 결혼 직전에 준비했던 모든 것들을 다 파기하고, 그 결혼 날짜를 잡아놓았던 날에 전처와 다시 결혼식을 올렸습니다. 그 부부는 열네 살 된 아들을 증인으로 세워놓고 결혼식을 했습니다.

그 후에 싱가포르 수상이 노발대발을 하고 예수를 믿어도 희한하게 믿는다고 하면서 그를 미워했습니다. 수상에게 신뢰를 잃고 미움을 사게 된 그는 정치생명이 끊어질 지경에 놓였습니다. 그래도 그의 마음은 평안하기만 했습니다. 예수님이 마음속에 들어와서 10년 묵은 미움을 눈 녹듯 사라지게 하셨기 때문입니다. 그리고 지금까지도 전처와 재결합해 행복한 가정을 이루어가고 있었습니다.

뿐만 아니라 그는 계속해서 정치를 할 수 있었습니다. 국회에 나가서 정치를 하고 시간만 나면 전도를 하는 데 힘을 썼습니다. 또한 국립대학 경제학 교수가 되어서도 노이로제에 걸린 학생과 교수들에게 나사렛 예수의 이름으로 귀신을 내쫓는 안수기도를 하였습니다. 이 사람의 인생이 이렇게 변화한 것은 힘으로도 능히 할 수 없으되 오직 주님의 성령이 역사하신 사건이었습니다.

10년 동안 서로 미워하고 떠나 있던 부부가 어떻게 극적으로 다시 합쳐질 수가 있었을까요? 성령으로 말미암아 하나님의 사랑이 마음속에 크게 임하면 이런 역사가 일어나게 됩니다. 그러므로 오늘날 힘으로도 능히 할 수 없으되 오로지 주의 성령이 오시면 기적이 나타나게 됩니다. 성령이 우리 모든 문제의 해답입니다.

성령 하나님!

예수 그리스도를 통하여 성령 하나님의 도우심으로 아버지 하나님께 영광된 삶을 살게 하옵소서. 예수 그리스도를 우리 구주로 모시기로 작정하고 믿음을 고백할 때 이미 함께하셨던 성령님!
우리의 우둔한 귀를 열어주옵소서!
우리의 멀어버린 눈을 열어주옵소서!
우리의 둔감한 마음을 일깨워주옵소서!

우리에게 성령님의 넘치는 은혜를 체험하게 하옵소서!

다시 한 번, 주님의 영광을 위해 살게 하옵소서!

예수님의 이름으로 기도드립니다. 아멘.

金
:금

사랑은 나눌수록 커진다

주라 그리하면 너희에게 줄 것이니 곧 후히 되어 누르고 흔들어 넘치도록 하여 너희에게 안겨 주리라. 너희의 헤아리는 그 마음으로 너희도 헤아림을 도로 받을 것이니라 | 누가복음 6장 38절

아무리 예수님을 잘 믿어도 자기중심으로 사는 사람의 신앙은 쇠퇴하게 됩니다. 반면 끊임없이 이웃을 위해 사랑을 나눌 때 우리의 신앙은 커지게 됩니다. 우리가 사랑을 먼저 실천할 때 우리의 이웃도 주님의 품으로 인도될 수 있습니다. 올바른 신앙생활은 나 혼자 할 수 없습니다. 그래서 많은 사람의 도움과 협력이 필요합니다. 많은 사람과 그리스도의 사랑을 나눌 때 성공적인 신앙생활을 누릴 수 있습니다.

무엇이든지 남에게 대접을 받고자 하는 대로 남을 대접하라

전에 LA에 흑인 폭동이 났을 때 흑인들이 한국인 상가들을 다 불태우고 사람들을 죽이고 상품을 빼앗았습니다. 이때 흑인들이 일어나서 집중적으로 한국 상점에 불을 지른 이유가 있습니다.

주로 한국 사람들은 흑인 동네에서 장사를 합니다. 백인들은 겁이 나서 거기에 들어가지 못하는데 한국 사람들은 흑인 동네에 들어가서 여러 가지 주점과 잡화상을 하였습니다. 그런데 흑인들은 성격상 주급을 받으면 돈을 저축하지 아니하고 있는 대로 다 써버립니다. 오늘 월급 받으면 오늘 다 써버리고 그 다음에는 돈이 없어 고생을 하는 것입니다.

그런데 한국 사람들은 흑인 동네에 들어가서 장사를 하면서 그들이 왕창 쓸 때 왕창 벌어들입니다. 그리고 저녁에는 집이 있는 백인 동네로 와서 잡니다. 아침이면 좋은 자동차를 타고 흑인 동네로 들어가서 또 흑인들을 상대로 장사를 하고, 저녁이 되면 다시 백인 동네로 와서 삽니다.

그러니까 흑인들이 볼 때는 영락없이 약탈자로 보였던 것입니다. 점차 흑인들 사이에서는 '한국놈들은 우리의 피를 빨아먹고 자기들은 호의호식하는 기생충들이다.' 라는 적대감이 조성되었고 결국 그 감정이 폭발했던 것입니다.

그런데 폭동이 일어났을 때 흑인들이 자경단(自警團)을 조직해서 약탈당하지 않도록 지켜준 상점들이 있었습니다. 그래서 한국 상점들 중에서도 가난하고 불쌍한 흑인들에게 끊임없이 물질을 나누어주고 축복을 더해준 사람들의 상점은 피해를 당하지 않았습니다. 흑인들은 자신들에게 사랑을 베풀어주고, 위로하고, 도와주었던 사람들을 기억하고 흑인 폭동이 일어났을 때 그들 스스로 자경단을 조직해서 지켜

준 것입니다. 이처럼 널리 나누어진 사랑은 결코 없어지지 않고 더 큰 사랑이 되어 우리에게 되돌아 오곤 합니다.

제가 존경하는 미국의 사업가 중 한 사람이 빌 게이츠입니다. 빌 게이츠는 단순한 특정인의 이름이 아니라 20세기 정보화를 대변하는 시대적 용어가 될 정도로 유명합니다. 그가 개발한 컴퓨터 운영체제인 '윈도우(Windows)' 는 계속 업데이트(update)가 되면서 온 세계의 컴퓨터를 장악하고 있습니다. 그리하여 그는 세계 최대의 기업가요, 세계 최고의 거부(巨富)가 되었습니다. 그가 대주주로 있는 마이크로소프트 사의 주가 총액만 하더라도 미화 5,000억 달러, 우리 한국 돈으로 말하면 50조 원입니다. 그리고 그의 개인 재산은 천문학적인 액수인 약 1,000억 달러입니다.

그러나 그가 더욱 유명해질 수 있었던 것은 그 많은 재산을 혼자서만 독점하지 않았기 때문입니다. 그는 60억 달러, 약 6조가량의 개인 재산을 자선 재단에 출연(出捐)했습니다. 그 자선 재단을 통해서 가난한 사람들을 위한 의료시설도 지원해주고, 집도 지어주고, 병도 고쳐주고, 생활을 돌보아주는 일을 한 것입니다.

그래서 미국에서 지금까지 자선 단체에 기부한 사람 중 최고 많은 액수를 한 사람이 바로 빌 게이츠입니다. 만약 그가 '내가 땀 흘려 수고해서 모은 재산인데 왜 남에게 나누어줘?' 라고 생각했더라면 비록 돈은 많이 벌었을지라도 지금과 같은 사회적인 존경과 선망의 대상이 될 수는 없었을 것입니다.

하루를 살면서

하나님은 세상을 이처럼 사랑하사 해와 달과 별들을 주시고, 만물을 주셨습니다. 심지어는 그의 아들 예수 그리스도까지 우리에게 주셨습니다. 하나님은 모든 생명의 원천이 되셔서 끊임없이 우리에게 주십니다. 우리는 하나님께 받은 이 큰 사랑을 이웃과 나누어야 합니다. 그래야 하나님이 그것에 넘치는 사랑을 더 채워주십니다. 내가 사랑받는데 그치지 않고, 나의 이웃과 사랑을 나눌 줄 아는 사람만이 하나님의 무한한 사랑을 받으며 진정한 그리스도인으로 살아갈 수 있습니다.

기도하며 P·R·A·Y

사랑이 많으신 하나님!

우리 생명의 원천이 되셔서 끊임없이 사랑을 베풀어주시니 감사합니다. 우리가 나 자신만의 신앙생활에서 벗어나, 이웃과 사랑을 나누게 도와주옵소서.

우리의 신앙생활이 성숙하면 할수록, 사랑을 크게 나누도록 도와주옵소서. 하나님을 섬기면서, 이웃을 섬기는 마음. 겸손한 마음을 품고 살면서 이 땅을 하나님의 나라로 변화시켜주옵소서.

예수님의 이름으로 기도드립니다. 아멘.

7단계
Self
Management

4차원의 영성 자기 관리

월. 목표를 분명히 설정하라

화. 시간을 마스터하라

수. 목숨을 걸고 투자하라

목. 고난을 두려워하지 말라

금. 자신의 장점을 더욱 부각시켜라

4차원의 영성
자기 관리

4차원의 영성에 있어서 마지막 단계는 'Self Management', 즉 자기 관리입니다. 세상에는 성공에 관한 많은 지침서들과 저서들이 물밀듯이 출간되고 있습니다. 그래서 기독교인이라 하더라도 성공에 대한 지침을 찾을 때, 성경책을 보기보다는 세상 지식을 따르려는 경향이 있습니다. 그러나 성경은 분명히 우리에게 '성공'에 대한 분명한 지침을 나타내주고 있습니다.

성공은 '자기 관리'에 있습니다. 흔히들 그리스도인들은 비(非)그리스도인들에 비해 '자기 관리'가 뒤처진다고 말합니다. 그러나 성경을 통해 우리가 배운 4차원의 영성을 향해 깊이 다가갈 때, 우리는 진정한 성공을 향한 '자기 관리'의 방법들을 찾아갈 수 있습니다.

성경적 성공을 위한 그 첫 번째 단계를 위해서 목표를 분명히 설정해야합니다. 이 부분은 4차원의 영성 가운데 말씀과 꿈에 해당된다고 할 수 있습니다. 제가 10여 년 전 오스트레일리아에 가서 목회자 세미나를 할 때 그곳 목사님들이 목회에 성공하지 못하는 모습을 보았습니다. 대개 한 교회에 성도가 30명에서 50명 정도이고, 100명 이상 목회하는 목사님들도 별로 많지 않았습니다. 그러다 보니 그곳 목사님들조차도 그러한 상황을 당연시하게 되었습니다. 그래서 더 큰 부흥을 열망하지도 않았습니다. 제가 목회에 대해 열심히 강연을 해도 별로 관심을 기울이지 않았습니다. 오히려 그들은 저를 안타깝게 바라보며 말했습니다.

"부흥의 역사라는 것이 한국이나 미국에서 가능한 것이지 오스트레일리아에서는 부흥이 일어날 수 없습니다."

저는 당황하여 물었습니다.

"왜 그렇게 생각하십니까?"

"오스트레일리아 사람들은 도박을 좋아하고 경기를 좋아하고 스포츠를 좋아하기 때문에 주일날 교회에 나오지 않습니다."

그래서 저는 그들에게 다른 말은 다 잊어버릴지라도 이것 한 가지만은 명심하라고 권면했습니다.

"모두 다 2년에서 5년까지 목표를 정하고 자신의 교회가 그때까지 얼마 정도 성장하기를 원하는지 종이에 적으십시오. 100명, 500명, 1,000명, 2,000명, 3,000명…… 각자 소원하는 목표를 적으십시오. 그리고 그것을 자신의 사무실 벽에 걸어놓고 매일같이 그 목표를 바라보고 기도하십시오."

그러자 그들이 파안대소했습니다. 그들은 '무슨 저런 소리를 하느냐. 목표를 설정하고 쳐다본다고 무슨 기적이 일어날 것이냐.' 라고 생각한 것입니다. 그러나 내가 분명히 안 것은 사람이 목표를 설정해야 마음에 소원도 생기고 믿음도 생긴다는 것입니다. 믿음은 바라는 것들의 실상입니다. 바라는 것에 대한 정확한 목표가 없으면 믿음도 생기지 않고 믿음이 생기지 않으면 아무것도 이뤄지지 않습니다. 그래서 저는 그들이 기도하고 난 다음 마음에 소원하는 대로 목표를 설정하도록 했습니다. 그리고 그것을 자신의 사무실 벽에 붙이게 했습니다.

2년 후에 제가 오스트레일리아를 방문했습니다. 그러자 오스트레일리아 하나님의 성회 총회장이 크게 감탄을 하면서 저에게 감사하는 것이었습니다. 그가 하는 말이, 제가 그 강연을 하기 전에는 10년 동안 오스트레일리아 하나님의 성회가 전혀 발전하지 않았다는 것입니다. 그는 교단 통계를 예로 들면서 10년 동안 교회 하나를 개척했는데, 그 사이 다른 교회 하나가 문을 닫았다고 했습니다. 그런데 제가 목표를 설정하고 기도하라고 하고 난 후 2년 만에 오스트레일리아 하나님의 성회가 100% 성장을 했다는 것입니다. 단지 목표 설정만으로 이처럼 놀라운 역사가 일어난 것입니다.

이제 목표를 분명히 설정하였으면, 두 번째 단계로 여러분의 시간을 마스터하십시오. 시간은 유한하고, 우리의 인생은 매우 짧습니다. 그러므로 짧은 인생 가운데, 우리의 시간을 적절히 마스터한다면 성공적인 자기 관리를 앞당길 수 있습니다.

시간을 아끼는 가장 좋은 방법으로 새벽시간을 활용할 것을 권장합니다. 저는 매일 아침 일찍 일어나 7시경에 교회에 출근합니다. 제가 제자들에게 일찍 출근하라고 말 안 해도 제가 늦어도 7시 정도면 출근하니까 모두가 일찍 출근합니다. 제가 살아보니까 아침에 일찍 일어나서 일하면 9시만 되어도 벌써 업무처리를 다 할 수 있습니다. 그러면 나머지 시간은 자기 관리를 할 수 있습니다. 기도도 할 수 있습니다. 저녁이 되면 일의 효율성이 생기지 않습니다. 그래서 저는 오후 5시면 퇴근합니다. 집에 가서 운동도 하고 개인생활을 갖습니다. 일을 많이 시킨다고 해서 반드시 잘하는 게 아닙니다. 일은 컨디션이 좋을 때 오전 중에 하고 오후에는 별도의 시간을 갖습니다. 그래서 우리 스태프들에게도 운동하도록 헬스클럽 회원권도 주었습니다. 그리고 리더들은 의무적으로 전부 헬스클럽에서 운동하도록 했습니다. 왜냐하면 몸이 건강하지 않으면 일을 진행하는 가운데 차질이 생기게 되고, 능률이 오르지 않기 때문입니다.

나아가 세 번째 단계는 자기 관리를 위해서 목숨을 걸고 투자하는 것입니다. 성공적인 인생을 살기 위해서는 그냥 가만히 있으면 안 됩니다. 피나는 노력을 해야 성공을 합니다. 콘라드 힐튼이나 프랑스의 일부 기업가들을 보면 초등학교도 못 나왔지만, 실제 그 사람들을 만나보면 무식하다는 느낌을 전혀 받을 수 없습니다. 그들은 정상적인 학교 교육은 못 받았을지라도 자기 나름대로 어마어마하게 전문적인 지식을 쌓은 사람들입니다. 제도권 교육을 받을 수 없는 상황에서도 스스로 열심히 공부하고 노력해서 성공에 필요한 모든 지식을 다 얻은 것입니다. 그들의 성공은 우연히 좋은 기회를 만나 이뤄진 것이 아닙니다.

가끔은 저를 보고도 제가 온 천하를 다니면서 만민에게 복음을 증거하는 것이 '우연히' 이뤄진 일이라고 말하는 사람들이 있습니다. 또는 '타고난 능력이 있는가 보다.' 라고 생각하는 사람들도 있습니다. 하지만 제가 하나님 앞에서 세계로 나아가서 복음을 증거하겠다고 결심한 다음에 얼마나 많은 눈물을 흘리고 고통을 이겨내며 외국어를 공부했는지 모릅니다. 우리 세대는 일제 강점기와 6·25전쟁을 겪느라 제대로 공부하기 어려웠습니다. 저만 해도 정식 학교 공부는 고등학교 1학년밖에 하지 못했습니다. 늘 피난 다녀야 하는 상황에 무슨 공부를 할 수 있었겠습니까?

그래서 저는 영어나 일본어나 기타 외국어는 전부 독학을 했습니다. 뼈가 으스러지는 각오를 하고서 공부를 했습니다. 외국어로 말문이 트여야 세계를 다니며 좀 더 효과적으로 복음을 전할 수 있다고 생각했기 때문입니다. 통역사의 도움을 받을 수도 있었지만, 제가 외국어를 공부함으로써 그 나라의 문화와 생활을 알고, 그들의 마음 깊은 곳을 울리는 성령님의 말씀을 직접 전할 때 그 은혜가 더욱 커질 수 있다고 확신했습니다. 그래서 학창 시절에도 하지 못했던 외국어 공부에 온 열정을 다 바쳤습니다. 그런데 어떤 사람들은 제가 외국어로 복음을 전하니까 "목사님은 성령님께서 방언으로 외국어를 주어서 외국 말을 그렇게 잘하지요?"라고 말하는 것이었습니다. 그런 말 들으면 '사람 참 웃기네, 웃겨. 나 고생한 건 생각하지 아니하고……'라고 속으로 생각합니다.

외국어로 말을 잘할 수 있기까지 얼마나 피나게 공부해야 하는지 아십니까? 저는 외국어 공부를 할 때 얼마나 힘이 들던지 공부하다 말고 책을 벽에다 던지고 머리를 싸매고 울기도 했고, 제 머리를 벽에 부딪기도 했습니다.

"아이고, 내 팔자야. 내가 뭣 때문에 이 짓을 해야 되나?"라며 후회하기도 했습니다. 하지만 그렇게 몸부림을 치면서 공부했기 때문에 지금 전 세계에 나아가 복음을 증거할 수 있게 된 것입니다.

그런데 그렇게 목숨을 걸고 투자하게 되면, 험난한 고개가 우리 앞에 서 있음을 발견하게 됩니다. 그러나 그러한 고난을 두려워하지 마십시오. 이것이 바로 네 번째 단계입니다.

역경과 고난을 달게 받고 싶은 사람은 아무도 없습니다. 하지만 역경과 고난 없이는 성공도 없습니다. 우리가 귀하게 여기는 보석인 금, 은, 다이아몬드는 땅 위에 돌처럼 굴러다니지 않습니다. 돌은 어느 곳에 가나 주울 수 있습니다. 그러나 보석은 땅에서 뒹구는 것이 아닙니다. 땅을 파고 들어가야만 합니다.

저는 경상남도 울주군에서 자랐는데 그곳에는 옥광산(玉鑛山)이 있습니다. 집에서 조금만 가다 보면 산이 있는데 그곳은 한국에서도 유명한 옥광산입니다. 그곳에 가면 산 전체가 터널입니다. 그 속으로 파고 들어가야 옥을 캐낼 수 있습니다. 그런데 금이나 은은 더 깊이 파고 들어가야 합니다. 다이아몬드는 훨씬 깊은 곳으로 파고 들어가야 합니다. 산에 굴을 파고 들어간다는 것은 매우 위험하고 고통스러운 일입니다. 하지만 더 깊이 들어갈수록 더욱 가치있고 진귀한 보석들을 발견할 수 있습니다. 이와 마찬가지로 인생도 고난 속에 들어가야 보석 같은 인생, 금이나 은이나 다이아몬드 같은 인생을 살 수 있습니다. 그래서 하늘나라에서도 하나님께서는 크게 복을 주시려는 사람에게 미리 깊은 고난을 통과하게 하십니다. "하나님, 왜 나를 고통스럽게 하십니까?"라고 고함을 치면서 그 고난을 받기를 거부하면 그것은 하나님이 예비하신 금, 은을 만나는 보석 같은 삶을 포기하겠다는 뜻입니다. 이제 고난이 닥쳐오면 하나님이 내게 보석과 같은 삶을 만나게 해주시려고 하는구나라고 생각하며 고난을 달게 받으십시오. 고난을 두려워하지 않고 도전하는 사람, 하나님께 능력을 구하며 그 고난을 능히 이겨내는 사람에게 하나님은 더 큰 길을 열어주십니다.

마지막으로 성공을 위해서 자신의 장점을 더욱 부각시키십시오. 흔히들 자신의 단점을 고치면 자신의 모습이 현재보다 더 좋게 바뀔 것이라 생각합니다. 물론 자신의 단점이 바뀐다면 분명 스스로 더 나은 방향으로 바뀌는 것은 당연한 이치입니다. 그러나 사람마다 다양한 은사가 있고 장점이 있습니다. 그리고 저마다 하나씩은 단점을 가지고 있습니다. 이 세상에 완벽한 존재란 없습니다. 때문에 자신의 단점을 수정하는 것에 시간을 투자하기보다는 자신의 장점을 부각시키기 위해 노력하십시오. 여러분의 장점을 살려, 직업에 소명을 갖고 헌신을 하게 되면 자신의 단점은 어느새 눈에 띄지 않고 장점만이 보이게 됩니다.

제가 처음 목회자가 되기로 마음먹었을 때, 일반 교회에서 목회를 하시는 분들이 매주 설교를 준비해야 하고 자유롭게 다니지도 못하는 모습들을 보면서 저는 부흥사가 되기로 마음먹었습니다. 저의 목표는 한국의 빌리 그래함 목사가 되는 것이었습니다. 유명한 부흥사가 되기 위해 열심히 노력했습니다. 그런데 이상하게도 부흥회를 인도하려고 하면 몸이 아팠습니다. 너무나 아파서 집회를 인도하지 못할 정도였습니다. 허약한 제 몸이 저에게는 큰 약점으로 다가왔습니다.

마침내 저는 이 문제를 놓고 하나님께 기도했습니다. "하나님, 제가 하나님 나라의 일에 얼마나 필요한 사람이라는 것을 모르십니까? 제 꿈은 한국의 빌리 그래함 목사가 되는 것입니다. 하나님은 제가 필요하고, 저는 하나님이 필요합니다. 그런데 왜 제가 유명한 부흥사가 되도록 축복해주지 않으십니까? 제가 지금 누구 때문에 이렇게 열심히 일하고 있는데요. 이게 다 하나님을 위해서 열심히 일하는 거라고요."

그러자 제 마음속에 하나님의 음성이 들려왔습니다.

"네가 누구인데 나를 위해서 일하느냐? 나는 오직 한 사람의 빌리 그래함만 필요하단다. 더 많은 빌리 그래함은 필요하지 않단다. 빌리 그래함은 오직 한 명이면 된단다. 너는 빌리 그래함이 될 필요가 없다. 조용기가 되면 된다. 너는 세상에 오직 하나뿐인 조용기가 되도록 노력해라."

그래서 저는 하나님께 다시 질문했습니다.

"세상에 오직 하나뿐인 조용기가 되려면 제가 어떻게 하면 됩니까?"

하나님은 대답해주셨습니다. "나는 너에게 나의 양들을 돌보고 먹이는 목회의 은사를 주었다. 이 일을 잘 감당하도록 노력해라."

"주님, 그것은 별로 마음에 들지 않습니다. 저는 그런 일을 하고 싶지 않습니다."

"그것은 잘못된 생각이다. 너는 근본적인 마음의 자세가 잘못됐다. 내가 너에게 원하는 것은 목회자가 되는 것인데, 너는 네 마음에 좋은 것만 하려고 한다. 그것이 잘못되었다. 너는 내가 원하는 목회를 해라."

"하나님, 다시 한 번만 생각해보십시오. 저는 부흥사가 되기 원합니다."

"내가 너의 주인이다."

결국 저는 하나님의 말씀에 순종했습니다. 성도들을 돌보고 말씀을 먹이는 일에 열심을 냈습니다. 그러자 하나님의 축복이 넘쳐나기 시작했습니다. 제 자신을 살펴보면 부족한 부분이 너무 많습니다. 그러나 하나님께서는 저에게 목회자로서의 은사를 주셨고, 제가 이 일에 순종하고 충성을 다하자 크게 성공할 수 있도록 해주셨습니다.

위의 5가지 과정은 저의 인생을 통해 하나님께서 알려주신 비결입니다. 여러분도 성공적인 삶을 위해서 이것들을 적용하십시오. 그러나 서두르지 말고, 천천히 여러분의 인생을 하나님께 맡기며 기도하는 마음으로 자기 관리를 시작해 나아가십시오. 우리 인생의 항로는 오직 하나님에게 있습니다. 잠언 16장 9절에 '사람이 마음으로 자기의 길을 계획할지라도 그 걸음을 인도하는 자는 여호와시니라.' 라는 말씀이 있습니다. 자기 관리에 최선을 다하되, 하나님을 의지하십시오. 하나님을 의지하는 여러분의 삶이 4차원의 삶이고, 세상을 움직이는 그리스도인의 기본 요소임을 잊지 마십시오. 생각, 믿음, 꿈, 말의 네 가지 원칙이 여러분을 더욱 지혜롭게 바꾸어나가며, 성공적인 자기관리로 이끌 줄 믿습니다.

月
: 월

목표를 분명히 설정하라

주께서 대답하여 가라사대 마르다야 마르다야 네가 많은 일로 염려하고 근심하나 그러나 몇 가지만 하든지 혹 한 가지만이라도 족하니라 마리아는 이 좋은 편을 택하였으니 빼앗기지 아니하리라 하시니라

| 누가복음 10장 41절~42절

목표가 없는 사람은 방향키가 없는 배와 마찬가지입니다. 목표가 없는 배는 예상치도 못한, 또 원치 않는 곳에 표류하거나 어디에도 도착하지 못한 채 그대로 바다 위에 멈춰 떠 있을 수 있습니다. 그러한 배는 결국에는 절망과 패배의 해변에 도착하게 됩니다. 우리의 인생은 머리가 좋다고 성공할 수 있는 것이 아닙니다. 또한 일류 대학을 나왔다고 성공할 수 있는 것도 아닙니다. 삶의 목표가 분명해서 그 목표를 향하여 좌로나 우로나 치우치지 않고 달려가는 사람이 성공을 하게 되는 것입니다. 나아가 목표를 세우고 나가는 사람은 구체적인 믿음을 갖고 있기 때문에 그 믿음대로 인생에서 승리할 수 있습니다.

목표가 분명한 사람은 희망이 있다

제가 영국에서 부흥회를 할 때, 노신사 한 분이 제게 악수를 청하면서 잠시 시간 좀 내어달라고 하였습니다. 그래서 저는 그 노신사분과 같이 차를 마시며 대화를 나누었습니다.

노신사는 이러한 말을 했습니다.

"제가 한국에서 큰 목표를 가진 분 두 사람을 보았는데, 한 사람은 목사님이시고 또 한 사람은 정주영 씨입니다."

"왜 그렇게 생각하십니까?"

"제가 예전에 은행가로 있었을 때 일인데, 한국에서 신사 한 분이 찾아와 영국에서 은행 컨소시엄을 만들어 돈을 빌려달라고 했습니다. 그래서 제가 그 돈으로 무엇을 하려느냐고 물었더니, 배를 만들겠다고 말했습니다. 어떻게 배를 만들려 하느냐고 물으니, 울산에 커다란 조선소를 세워 배를 만들겠다는 것이었습니다. 그러면 공장이 있느냐고 물었습니다. 그러자 그분이 그때 내놓은 것이 허허벌판뿐인 모래판 사진이었습니다. 그래서 제가 공장도 없는데 어떻게 배를 만들어서 파느냐고 묻자, 이순신 장군의 거북선이 그려진 오백 원짜리 한 장을 내놓으면서 '우리 조상은 벌써 수백 년 전에 거북선을 만든 민족이므로 그 후손인 우리는 능히 배를 만들 수 있다.' 라고 하는 것이었습니다. 조선소도 없고, 공장도 없는데, 거북선 그린 돈 한 장 내어놓고는 배를 만들겠다고 하는 그 사람의 눈을 보니 미친 사람은 아닌 것 같았습니다. 오히려 눈에 총기가 있고 열기가 꽉 들어차 있었습니다. 자기에게 돈만 빌려주면 배를 만들어 팔아 이익을 올릴 수 있다고 하는 그 확신에 제가 감동했습니다. 그래서 제가 은행 컨소시엄을 구성하여 돈을 지원해주었습니다. 결국 그는 그 목표대로 세계적인 조선 왕국을 세웠습니다. 그분이 바로 정주영 회장이었습니다. 그런데 조용기 목사님도 조그마한 한국에서 뻗어나와 온 세계를 흔들고 다니시니 큰 목표를 가진 분이십니다."

실제로 저는 신학교를 졸업하고 천막을 치고 가마니를 깔았을 때부터 이미 제 마음속에는 목표가 있었습니다. 그 목표는 처음에는 제가 300명의 교인을 가진 교회를 세우겠다는 목표였고, 다음에는 3,000명, 그 다음에는 6,000명, 그 다음에는 세계 최대의 교회를 가지겠다는 목표였습니다. 그 목표와 더불어 제 마음속에 늘 불타는 목표가 하나 더 있었습니다.

저는 6 · 25전쟁 이후로 우리나라가 쌀, 밀가루, 옷, 신발 등 원조물자를 서양으로부터 굉장히 많이 받은 것을 알고 있습니다. 그래서 저는 '이제 우리도 받기만 하지 말고 나누어주자. 우리는 줄 것이 없으니 온 천하에 나가서 복음을 나누어주자.' 라는 목표를 갖게 되었습니다. 이러한 목표가 저의 마음속에 꽉 들어찼습니다.

하지만 그때 환경은 그러한 꿈을 꿀 수조차 없는 상황이었습니다. 그때는 일반인이 해외여행을 목적으로 구하는 여권도 잘 발급해주지 않을 때였습니다. 뿐만 아니라 저에게는 해외에 나갈 돈도 없었습니다. 그러나 저는 환경을 바라보지 않고 제 마음속에 불타는 목표를 바라보며 열심히 준비했습니다.

또한 제가 해외에 나가서 복음을 전하려면 영어를 잘해야겠다는 생각에 영어 공부를 시작했습니다. 목표가 있었기 때문에 앉으나 서나 단어와 문장을 외우기를 반복했습니다.

결국 저는 나중에 하나님이 이 모든 목표를 다 이루어주셔서 큰 교회의 인도자가 되었습니다. 그리고 가보지 않은 곳이 없을 정도로 세계 방방곡곡을 돌아다니면서 복음을 전하고 있습니다. 하나님은 목표가 분명한 사람을 사용하신다는 것을 명심하십시오.

하루를 살면서

목표를 분명하게 하기 위해서는 목표를 종이에 적는 것이 가장 좋은 방법입니다. 해마다 그 해의 나아갈 바를 종이에 분명히 적어놓으십시오. 그리하면 의식적으로 우리 삶이 그 목표를 이탈하지 않고 자연스럽게 따르게 됩니다. 적는다는 것에는 굉장한 힘이 있습니다. 수첩에 적어놓고 늘 그것을 펼쳐서 하루에도 수십 번씩 바라보십시오. 여러분이 목표를 향해 전진할 때 하나님께서 여러분의 목표를 이루어주실 것입니다.

기도하며 P·R·A·Y

전지전능하신 하나님!
오늘날 우리가 성공적인 삶을 살기 위해서는 목표를 세워야 한다는 사실을 알게 해주시니 감사합니다. 우리의 마음에서 목표가 분명하여, 목표를 향하여 불타는 소원을 갖게 하옵소서. 이 소원으로 말미암아 미래의 목표가 마침내 우리의 눈에 보이게 하옵소서. 하지만 우리의 목표가 하나님의 뜻과 일치하게 하옵소서. 그리하여 나 자신의 욕망이 아니라 진정 하나님께 영광을 돌리며 타인에게 축복이 되게 하옵소서.

예수님의 이름으로 기도드립니다. 아멘.

火

: 화

시간을 마스터하라

우리에게 우리 날 계수함을 가르치사 지혜의 마음을 얻게 하소서

| 시편 90편 12절

우리가 시간에 대해 가장 흔하게 가지고 있는 착각은 시간이야 얼마든지 남아 있다는 생각입니다. 그래서 사람들은 순간적으로 생각나는 일들을 해 나가며 시간을 때우는 경우가 많습니다. 예를 들어 독서라든지, 방 정리를 하는 일 등 말입니다. 물론 이와 같은 행동들은 꼭 해야 할 일입니다. 그러나 계획 없이 생각나는 대로 일을 처리하게 되면 정작 가장 중요한 일을 놓치는 경우가 생깁니다. 결국 시간을 가치 있게 쓰지 못하는 결과를 가져옵니다. 자신이 시간을 지휘하지 못하면 결국 시간이 흘러가는 대로 살게 됩니다. 시간을 효과적으로 관리하는 사람만이 인생을 성공으로 이끌 수 있습니다.

우선순위부터 과감히 시간을 투자하라

19세기 말 '과학적 관리법' 창시자 미국 출생 테일러(F.W Taylor 1856-1915)는 어느 날 베들레헴 제강소에서 약 600명의 삽질을 하는 근로자들이 광석, 횟가루, 그 밖의 일을 처리하는 삽 작업의 능률화에 관심을 갖게 되었습니다.

그리고 테일러는 한 삽의 무게가 몇 킬로그램일 때 가장 피로가 적고 최고의 작업 성적을 올릴 수 있는가에 대해 검토하기 위해 삽 일을 하는 작업자 두 사람을 골라 한 삽의 무게를 여러 가지로 바꾸어가며 관찰하고 작업 성적을 기록했습니다.

그 결과 삽의 무게가 19킬로그램의 경우에 1일 25톤, 17킬로그램의 경우에 1일 30톤이라는 식으로 한 삽의 무게가 감소함에 따라 1일 작업 성적이 상승하는 것을 발견했습니다. 그리고 한 삽의 무게가 11킬로그램 이하로 되면 오히려 1일의 작업 성적이 떨어진다는 사실도 알게 되었습니다.

이를 통해 그는 중량이 무거운 광석 작업에는 큰 삽을, 경량의 횟가루 작업에는 작은 삽을 사용하여 작업의 효율을 높이고자 하였습니다. 그래서 한 삽의 하중이 11킬로그램 이상 17킬로그램 이하가 될 수 있도록 삽의 크기를 제작하였습니다. 그 결과 600명의 근로자들은 예전보다 작업의 노고가 수월해졌고 연간 8만 달러의 작업 비용도 절감 되었습니다.

누구에게나 하루 24시간이 있습니다. 대통령도, 세계적 기업의 CEO도, 평범한 직장인에게도 그리고 백수에게도 하루는 똑같이 24

시간입니다. 그러나 그 시간 동안 하는 일들은 전혀 다른 결과를 낳기 마련입니다.

빌 클린턴 미국 대통령의 시간 관리 자문관인 스티브 코비 박사는 1994년부터 5년 동안 전 세계 직장인 4,500여 명의 시간 사용법을 조사했습니다. 그 결과 평범한 사람은 '당장 급하지만 중요하지는 않은 일(회의, 우편물 정리, 중요하지 않은 전화 등)'에 사용했고, 반면에 성공한 사람들은 60~80퍼센트의 시간과 에너지를 '당장 급하진 않지만 장기적으로 중요한 일(독서, 외국어 공부, 운동, 인간관계, 휴식 등)'에 사용한 것으로 나타났습니다. 즉, 성공한 사람은 중요한 일과 급한 일을 구분해 중요한 일에만 집중하고 단지 급하기만 한 일들은 과감하게 권한을 이양하고 업무를 위임해야 한다는 것입니다.

항상 바쁘지만 무엇 때문에 바쁜지 정확히 알아야 합니다. 그 내용에 따라 결과는 매우 달라질 수 있기 때문에 바쁘게는 살지만 우선순위가 뒤바뀌었다면 그것이 결국에는 문제를 일으킬 수 있습니다. 반대로 우선순위를 알고 우선순위 위주로 시간을 계획하면 좀 더 큰 성과를 획득하며 일을 처리해 나갈 수 있습니다.

어느 백화점에서는 매달 판매한 매출총액을 점검하던 중, 최다 매출순위를 결정하는 과정에서 독특한 원리를 발견하게 되었습니다. 전체 매출의 80퍼센트를 차지하는 것이 80퍼센트의 고객이 구매한 매상이 아니라 20퍼센트의 고객들이 구매한 총금액이라는 점이었습니다. 이 원리를 우리는 파레토의 법칙(80:20의 법칙)이라고도 합니다.

이 원리에 따라 백화점에서 좀 더 높은 매출을 창출해내는 창조적 소수 20퍼센트에 집중하여 고객 관리를 한다면 백화점 매상은 눈에 띄게 높아지게 될 것입니다. 이와 마찬가지로 우리가 하루에 행하는 일 중 가치 있는 일 20퍼센트가 80퍼센트의 성과와 만족을 가져다줍니다. 따라서 20퍼센트에 해당하는 우선순위의 일을 항시 먼저 세우고 실행한다면 짧은 시간을 투자하고도 80퍼센트의 만족을 얻음으로써 우리 인생을 성공으로 이끌 수 있을 것입니다.

하루를 살면서 지금 여러분께서는 시간을 어떻게 사용하고 계십니까? 여러분이 자신의 시간을 사용할 때 성공을 원한다면 정확한 목표를 세우고, 가치 있는 중요한 일의 우선순위를 파악하십시오. 우리가 경쟁에서 살아남기 위해서는 오늘도 파레토의 법칙에 따라 우선순위 20퍼센트에 아낌없이 뛰어들어야 합니다. 하나님이 여러분에게 주신 시간은 유한합니다. 여러분에게 주어진 시간을 허비하지 말고, 우선순위에 여러분의 시간을 과감히 투자하십시오.

하나님 아버지!
우리에게 생명을 주셔서 우리가 시간을 사용할 수 있게

하심에 감사합니다. 그러나 우리에게 주어진 시간은 우리 것이 아니라 하나님에게 속한 것임을 깨닫게 하옵소서. 그리하여 우리가 하나님이 주신 시간을 좀 더 가치 있고 지혜롭게 쓸 수 있도록 길을 열어 주시옵소서.

바쁜 생활 가운데서도 아침에 주님을 만나는 시간을 게을리 하지 않게 하시고, 주님과의 만남을 통해 우리의 생활 습관이 항상 깨어 있는 삶을 살게 하옵소서.

예수님의 이름으로 기도드립니다. 아멘.

목숨을 걸고 투자하라

: 수

구하라 그러면 너희에게 주실 것이요 찾으라 그러면 찾을 것이요 문을
두드리라 그러면 너희에게 열릴 것이니 구하는 이마다 얻을 것이요 찾는
이가 찾을 것이요 두드리는 이에게 열릴 것이니라

| 마태복음 7장 7절~8절

우리가 어떠한 일을 하더라도 목숨을 걸고 투자하면 못할 것이
없습니다. 목숨을 걸고 투자하는 정신은 마치 물속에 빠진 사람이 숨
한 번 쉬기 위해서 전심전력을 다해 몸부림치는 것과 같습니다. 온 전
신의 힘을 다하는 것입니다. 우리가 간절히 기도하며 목숨을 걸고 투
자한다면, 성령님께서 우리와 함께하셔서 우리를 도와주십니다.

간절한 마음으로 두드려라

어떤 청년이 목사님을 찾아와서 질문을 했습니다.

"목사님, 마태복음 7장 7절과 8절에서 말씀을 보았는데, 실상은
그 말씀대로 이루어지지 않는다고 생각합니다. 구해도 별로 하나님이
응답해주시지 않고, 찾아도 별로 찾게 해주시지 않고, 두드려도 문도

안 열어주시는데 왜 성경에서 그렇게 말씀을 하고 있습니까?"

"이 사람아, 구하고 찾고 두드릴 때는 아주 간절한 마음이 있어서 그런 것 아니겠나? 주님이 그냥 구하라고 하신 것이 아니야. 구하다가 학대를 받거든 찾고, 찾고 있다가도 박대를 받거든 두드려라. 구하고 찾고 두드린다는 것은 아주 간절한 마음을 가지고 하나님께 나오라는 말이야. 열화 같은 소원을 가지고 나와야 되는 것이지."

목사님의 말씀을 듣고 그 청년은 다시 질문을 했습니다.

"목사님, 열화 같은 소원이 어떤 소원입니까? 그것도 좀 가르쳐 주십시오."

"그래, 그럼 가자. 따라오너라."

목사님은 그 청년을 강가로 데리고 가서 말했습니다.

"자, 신발을 벗고 나하고 같이 강물로 들어가자."

목사님은 물이 허리쯤 차 있는 강물 속으로 들어가서 청년의 머리에다 손을 얹더니 확 내리눌렀습니다. 물속에 빠진 청년은 숨이 답답해 죽을 지경이었습니다. 막 발버둥을 쳐도 목사님은 청년을 안 놓아주고 그대로 누르고 있었습니다.

'아! 목사님이 나를 죽이려는가 보다!' 라는 생각이 들자, 청년은 있는 힘을 다해 목사님을 밀치고 일어나서 푸푸거리고 숨을 몰아쉬며 항의를 했습니다.

"후~ 후~. 아니 목사님, 제가 간절한 마음으로 구하는 것이 무엇이냐고 가르쳐 달라고 했지 죽여 달라고 했습니까?"

그러니까 목사님이 청년에게 말했습니다.

"물속에 빠지니 어떻더냐? 숨이 답답해서 죽을 지경이지? 숨 한 번 쉬기 위해서 발버둥치고 그래도 안 되니까 나중에는 나를 밀쳐버리고 결사적으로 숨을 쉬려고 했지? 열화 같은 마음은 그런 마음이다. 그런 마음으로 구하고 찾고 두드리면 구하는 이마다 얻을 것이요, 찾는 이가 찾을 것이요, 두드리는 이에게 열릴 것이라고 말한 것이다. 그냥 희미하게 '주님, 주시고 싶거든 주시고 안 주고 싶거든 그만두시구려.' 라는 마음을 가지고 있으면 안 된다."

하루를 살면서 여러분은 자신이 하는 일에 목숨을 걸고 투자하고 있습니까? 한문 사자성어에 '줄탁동시' 라는 말이 있습니다. 이 말의 뜻은 다음과 같습니다. 암탉이 알을 품고 있을 때 암탉은 매일같이 그 알에 귀를 기울이고 있습니다. 때가 되어 알이 부화할 때가 되면 병아리가 알 속에서 껍질을 톡톡 치게 되는데, 그 소리를 들은 암탉이 밖에서 콱콱 같이 껍질을 찍어줍니다. 이렇게 안에서 톡톡 치고 밖에서 콱콱 찍는 모습이 '줄탁동시' 입니다. 우리가 깨지지 않을 것 같은 우리의 단단한 껍질을 목숨을 걸고 기도하며 찍는다면, 하나님께서 우리의 기도를 들으시고 그 껍질을 쪼개주실 것입니다.

기도하며
P·R·A·Y

전지전능하신 하나님!

우리의 인생길에서 우리에게 주어진 일에 최선을 다해,
목숨을 걸고 일하게 하옵소서. 또한 우리가 목숨을 걸고
투자하되, 주님이 주시는 선한 일에 목숨을 걸고 투자하게 하옵소서.
그리하여 주님이 열어주시는 성공을 열화같이 소원하며 전진하게 하옵소서.

예수님의 이름으로 기도드립니다. 아멘.

木 고난을 두려워하지 말라

: 목

우리의 잠시 받는 환난의 경한 것이 지극히 크고 영원한 영광의 중한 것
을 우리에게 이루게 함이니 우리의 돌아보는 것은 보이는 것이 아니요
보이지 않는 것이니 보이는 것은 잠간이요 보이지 않는 것은 영원함이니
라 | 고린도후서 4장 17절~18절

죽음을 목전에 둔 칠흑 같은 절망 속에서도 하나님에 대한 소망
을 발견할 수만 있다면 누구나 새로운 삶을 살 수 있습니다. 소망을
가슴속에 품고 나가면 소망은 내일의 기적을 낳는 씨앗이 됩니다. 고
난을 두려워하지 마십시오. 고난으로 낙심될 때마다 예수 그리스도의
능력에 의지하며 소망을 가슴에 품어야 합니다. 오직 예수 그리스도
만이 우리의 위대한 희망이기 때문입니다.

절망을 뛰어넘어 소망으로!

20세기 위인 중 한 사람으로 꼽히는 일본의 가가와 도요히코 선
생의 이야기입니다.

시골에서 태어난 그는 열다섯 살 되던 해에 동경으로 올라와 낮

에는 인쇄소 청소부를 비롯해서 여러 가지 노동을 하였습니다. 그리고 밤에는 야학에서 공부를 했습니다.

이렇게 미래를 향해 열심히 살아가던 그는 스물한 살이라는 젊은 나이에 절망적인 벽에 부딪혔습니다. 시름시름 앓던 폐병이 악화되었기 때문입니다. 그래서 의사에게 진단을 받게 되었는데 이제는 소생할 가망이 없다는 것이었습니다. 그래서 그는 더 이상 손쓸 수 없을 정도로 심해진 폐병을 가슴에 안고 좌절했습니다.

그런데 몇 년 전에 선교사로부터 복음을 듣고 예수를 믿게 되었습니다. 그래서 그는 아픈 침상에 드러누워서 '이제는 살 희망이 없으니 신세를 지는 것보다는 자살을 해야겠다.' 라고 생각했으나 그 순간 하나님 말씀이 기억났습니다.

'예수님께서 그렇게 배반당하고 혹독한 고난을 당할 때 자살할 생각을 했더냐. 예수님은 십자가를 짊어지면서도 부활의 소망을 가지셨지 자살하지 않았다.'

그러자 그의 마음에 변화가 일어났습니다.

'예수님은 좌절과 절망에 처했을 때 나는 부활이요, 생명이라고 말씀하셨지 자살하지 않으셨다. 그렇다면 그 예수를 내 주로 모셨으니 폐병 말기의 절망 속에서도 부활의 희망이 있지 않느냐. 나는 예수님의 부활을 가슴속에 품고 있으니 절망을 바라보지 말자! 부활을 바라보고 새 출발을 하자!' 라고 생각한 그는 그 자리에서 일어났습니다. 그리고 리어카에 자기의 짐을 다 주섬주섬 실었습니다. 그리고 난 다음 니가와의 빈민굴로 들어가서 그곳에서 평생을 창녀와 술주정뱅이들과 전과자들을 돌보았습니다. 자신이 깨달았던 희망에 대한 복음을 전한 것입니다.

그는 "여러분이 가난하고 헐벗고 절망적인 빈민촌에 창녀로서 술주정뱅이로 도박꾼으로 있지만 절망 중에도 희망이 있습니다. 예수를 모시면 절망 가운데서 희망이 싹틉니다. 희망의 꽃이 핍니다. 여러분도 새 사람이 될 수 있습니다."라고 희망의 복음을 전했습니다. 그는 죽음의 절망에서 희망을 붙잡았고, 희망의 복음을 전하자 그 희망이 그 폐병을 이겨버리고 말았던 것입니다. 폐병을 극복한 그는 오래 장수하였습니다. 그리고 위대한 위인으로서 일본의 빈민굴에서 그리스도의 복음의 꽃을 피웠습니다.

빈민굴에 들어가기 전 가가와 선생이 기록했던 일기에는 다음과 같은 글이 적혀 있습니다. '나 가가와 도요히코는 방금 죽었다 이제부터 나는 새롭게 사는 것이다. 죽음의 선을 건너서 영원한 부활의 삶을 시작하는 것이다.'

하루를 살면서

요셉은 좌절과 절망적인 환경에 처했지만 하나님은 두 번의 꿈을 통해서 희망을 심어주었습니다. 요셉은 '어떠한 일이 다가와도 나에게는 이 희망이 싹트는 날이 다가온다.'라는 소망을 가졌습니다. 그래서 그는 희망을 바라보고 낙심하지 않았습니다. 뒤로 물러가지 않고 좌절하지 않았습니다. 여러분도 후퇴하지 않고 전진하며, 절망에서 소망으로 인도하시는 주님과 함께 나아가십시오.

사랑이 많으신 하나님!

고난 없는 영광이란 절대 없음을 깨닫게 해주셔서 감사합니다. 세상에서도 영광을 성취하기 위해 그 나름대로 고난을 통과하는데, 하물며 하나님 나라에서의 영광의 꽃이니 고난의 텃밭에서 꽃을 피우는 것을 당연히 여기고 감당케 하옵소서.

영광 가운데 고난을 받으신 예수 그리스도를 기억하게 하옵소서. 예수 그리스도는 피 흘려 죽으셨지만 부활의 영광을 얻으셨고, 하나님 보좌에 앉아 계심을 기억하게 하옵소서.

또한 거센 풍랑 가운데서도 우리를 지켜주시고 소망을 갖게 하옵소서. 주님의 도우심을 의지하며 우리의 고난을 이기게 하옵소서.

예수님의 이름으로 기도드립니다. 아멘.

자신의 장점을 더욱 부각시켜라

: 금

그런즉 누구든지 그리스도 안에 있으면 새로운 피조물이라 이전 것은 지나갔으니 보라 새것이 되었도다 | 고린도후서 5장 17절

사람은 누구나 장점과 단점을 지니고 있습니다. 그런데 사람들은 보통 자신이 가지고 있는 단점에 더 초점을 맞추는 경향이 있습니다. 그래서 그 단점만 없앤다면 더 나은 자신이 될 거라는 생각을 가지고 삽니다. 그러나 장단점은 누구에게나 있는 것이기에 단점을 없애기란 쉽지 않습니다. 지금 당장 눈에 띄는 단점을 없앤다 하더라도 단점은 또 눈에 띄기 마련입니다. 반면에 단점을 없애는 시간을 장점에 투자하면 장점은 더욱 크게 부각됩니다. 그리하여 부각된 장점으로 인해 열등하게만 보이던 단점이 점점 사라지게 됩니다. 성령을 통해 우리의 열등감을 회복하고, 우리의 장점을 더욱 부각시키는 노력. 그러한 노력이 성공적인 자기 관리로 여러분을 이끕니다.

너는 내가 사용하는 도구이다

저는 학창 시절 제법 공부를 잘하는 학생이었지만 결국 고등학교 1학년을 마지막으로 더 이상 정규 교육을 받을 수 없었습니다. 학교에 다니는 친구들이 너무도 부러웠습니다. 그래서 혼자 영어 교과서를 펴서 읽기 시작했습니다. 읽고 또 읽었습니다. 계속해서 눈물이 나왔습니다. 때로는 책을 벽에 던졌다가도 다시 가서 집어왔습니다. 이렇게 혼자서 독학으로 공부하였습니다. 그리고 1년이 지나기도 전에 저는 중·고등학교 영어 교과서를 다 외웠습니다.

그러나 제 마음속에는 항상 정규 교육을 제대로 받지 못한 것에 대한 열등감이 있었습니다. 사탄은 항상 열등감이라는 무기를 이용해서 저를 괴롭혔습니다.

"너는 학교 교육도 제대로 받지 못했으면서 어떻게 감히 다른 사람들을 가르치려 하지? 부끄럽지 않나? 밑에 앉아 있는 사람들을 보라고! 저들은 다 너보다 더 나은 교육을 받은 사람들이야." 이러한 열등감 때문에 저는 마음이 많이 상해 있었습니다.

가끔 신문이나 잡지 등에서 제가 정규 교육을 많이 받지 못했다는 이야기를 하면서 조롱하는 기사를 실을 때가 있습니다. 그러면 사탄은 다시 나에게 다가와서 "신문 기사를 보라고. 사람들은 네가 제대로 교육받지 못했다는 것을 알고 있어. 이제 어떻게 사람들 앞에 서서 설교할 거지? 사람들이 어떻게 생각하겠어? 너의 말을 듣기나 할까? 차라리 그만두라고! 강단에 올라가지 마! 창피해서 어떻게 그곳에 올라가겠어?"라고 속삭입니다.

저는 아내에게도 열등감이 있었습니다. 제 아내는 저보다 학교 교육을 훨씬 많이 받았습니다. 대학을 두 곳이나 나왔고 미국에서 석사학위도 받았습니다. 신혼 초기에 저는 아내에게 엄청난 열등감을 가지고 있었습니다. 그래서 아내의 말 한마디에도 상처를 받고 시비를 걸곤 했습니다. 아내가 무슨 말을 하면 "내가 학교 교육을 많이 받지 못했다고 당신이 지금 나를 가르치려고 드는군. 그렇지? 당신이 대학을 나온 사람이라고 나를 무시하는 거요? 그래 당신은 잘났고 난 못난 사람이요. 이제 기분이 좋소?"라고 말하곤 했습니다.

하지만 생각할수록 이런 제 모습이 더욱 비참했습니다. 스스로 커다란 좌절감에 빠져들어갔습니다. 엄청난 열등감이 저를 사로잡고 넘어뜨리려 했지만, 그때마다 저는 제 안에 계시는 성령님을 바라보았습니다. 그러면 성령님은 제 안에서 잔잔하고 고요하게 말씀해주셨습니다. "세상적인 기준으로 보면 너는 교육도 제대로 받지 못했단다. 그러나 부끄러울 것이 하나도 없어. 너의 능력은 세상의 지식에서 나오는 것이 아니다. 지금 너 자신의 능력으로 강단에 서 있을 수는 없어. 내가 너를 사용하고 있는 거란다. 너에게는 사람들의 마음을 이해하고, 희망을 주는 은사가 있단다. 너의 장점을 더욱 부각시켜라. 너는 내가 사용하는 도구이다."

성령님의 위로와 능력주심으로 인해 저는 이제 열등감을 갖고 있지 않습니다. 저는 저의 장점을 더욱 부각시켜나갔고, 하나님의 사역을 더욱 힘차게 할 수 있었습니다. 또한 제 마음이 새롭게 되자 아내에게 가졌던 열등감도 사라지고 아내와의 관계도 회복할 수 있었습니다.

여러분은 어떠한 장점을 스스로 지니고 있다고 생각합니까? 사람마다 다른 장점은 달리 말하면 하나님이 여러분에게 주신 은사라고 할 수 있습니다. 여러분이 가지고 있는 은사에 시간과 물질을 투자해서 더욱 부각시키십시오. 부각된 여러분의 은사가 여러분의 직업이 될 수도 있습니다. 여러분의 장점이 곧 여러분이 좋아하고 즐길 수 있는 장점이 된다면, 직업 또한 기쁨으로 임할 수 있습니다. 이것이 바로 직업소명설입니다. 여러분이 있는 처소에서 여러분의 장점을 가지고 최선을 다하십시오. 그리하면 하나님이 여러분의 직장에 소망을 주시고, 성공적인 길을 열어주실 것입니다.

사랑이 많으신 하나님!

주님께서 우리 각자에게 무한한 사랑을 베푸시고, 저마다 다른 은사를 주심을 감사합니다. 우리가 주님이 주신 은사를 소홀히 여기지 아니하고, 최선을 다해 우리의 은사를 사용하게 하옵소서. 열등감에 빠져 자신의 장점을 가리우는 것이 아니라, 성령님을 의지하여 우리의 장점을 더욱 부각시키게 하옵소서. 또한 우리가 일하고 있는 직장에서 우리의 장점을 더욱 부각시켜 하나님의 사람 요셉처럼 담대하게 일하게 하옵소서.

그리하여 우리에게 임하시는 성령님의 무한한 능력에 힘입어 성공적인 삶을 살게 하옵소서.

예수님의 이름으로 기도드립니다. 아멘.